JURISPRUDENCE

DU CODE CIVIL

PAR M. LAURENS,

PROFESSEUR A LA FACULTÉ DE DROIT DE TOULOUSE.

TOME SECOND.

PARIS.

VIDECOQ, PLACE DU PANTHÉON, 5.

TOULOUSE, MARTEGOUTE ET COMP., RUE SAINT-ROME, 46.

1838.

PRINCIPES

ET

JURISPRUDENCE

DU CODE CIVIL.

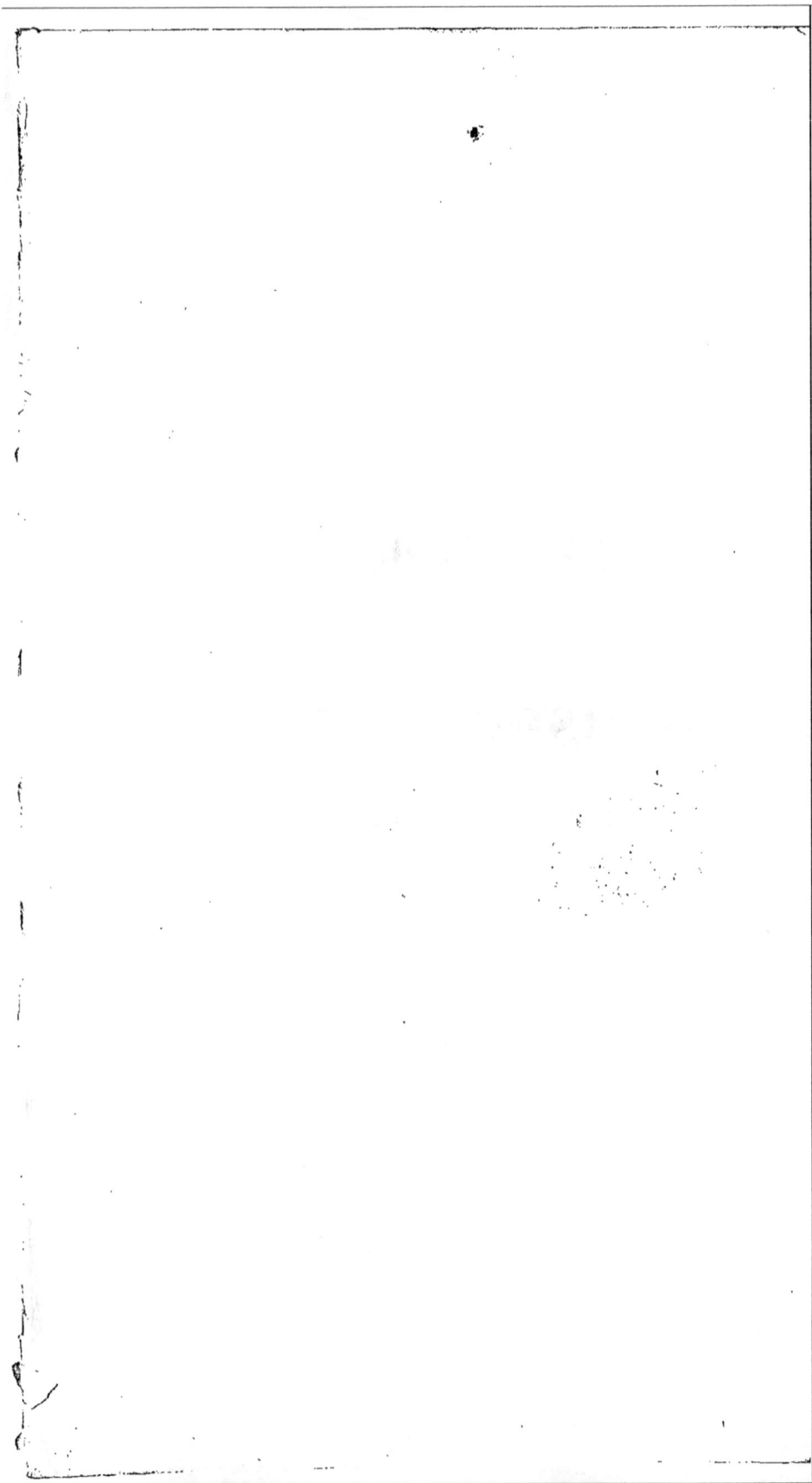

PRINCIPES

ET

JURISPRUDENCE

DU CODE CIVIL.

PAR M. **LAURENS**,

PROFESSEUR A LA FACULTÉ DE DROIT DE TOULOUSE.

TOME SECOND.

PARIS.

VIDECOQ, PLACE DU PANTHÉON, 6.

———

TOULOUSE, MARTEGOUTE ET COMPᵉ, RUE SAINT-ROME, 46.

—

1838.

PRINCIPES

ET

JURISPRUDENCE

DU CODE CIVIL.

LIVRE SECOND.

DES BIENS ET DES DIFFÉRENTES MODIFICATIONS DE LA
PROPRIÉTÉ.

TITRE PREMIER.

De la distinction des Biens.

SOMMAIRE.

1. *Transition du premier Livre du Code civil à ses autres objets.*
2. *Ce qu'on doit entendre par les mots : choses, biens.*
3. *Il n'est question que des biens dans le second et le troisième Livres. Leur division.*
4. *Division des biens en corporels et incorporels.*
5. *En meubles et en immeubles.*

1. Ainsi que nous l'avons déjà vu (tom. 1er, n° 36), les personnes et les choses qui constituent les

2 Liv. II. *Des biens et des dif. modif. de la prop.*

principaux objets du droit, sont aussi les seuls objets du Code civil. Tout ce qui concerne leur état, leurs droits et leurs devoirs respectifs est consigné dans le livre premier dont j'ai exposé les *principes* et la *jurisprudence*. C'est désormais des choses que j'ai à m'occuper.

2. Le mot *choses*, dans son acception la plus étendue, exprime tout ce qui existe dans l'ordre physique et dans l'ordre moral, l'homme excepté, quoique l'homme lui-même soit réputé *chose* dans les pays où l'esclavage est encore admis.

Mais ce mot a un sens plus restreint, en jurisprudence. Il s'applique seulement aux objets qui sont possédés ou qui sont susceptibles d'être possédés par l'homme. Ces objets sont aussi désignés sous le nom de *biens,* qui ne comprend pas les choses non susceptibles de possession, comme l'air, le feu.

Il y a donc, pour fixer sûrement le sens respectif des mots *choses*, *biens*, une simple précision à faire; c'est que tous les biens sont des choses, et que toutes les choses ne sont pas des biens.

3. C'est des biens seulement qu'il est question dans le second et le troisième livres du Code civil, parce que la loi positive ne doit considérer dans les choses que la propriété ou les autres avantages dont elles peuvent être l'objet. Le législateur s'est proposé, dans le second livre, de faire connaître les **diverses espèces de biens**, et les droits qu'on peut

exercer à leur égard. Nous verrons qu'ils ne sont
fondés que sur la propriété ou sur les modifications
que la loi ou les conventions peuvent lui faire subir. Dans le troisième livre, il règle les moyens
d'acquérir, conserver ou perdre les biens.

4. La première et la plus complète division des
biens considérés en eux-mêmes, suivant leur nature, est en *corporels* et *incorporels*. Les premiers
sont ceux qui ont une existence matérielle, qui
tombent sous les sens, comme une maison, un
animal. Les autres, quoiqu'ils doivent nécessairement se rattacher à des objets matériels pour être
utilisés, n'ont pas d'existence physique; on ne la
conçoit que par la pensée. Tels sont les créances,
l'usufruit, les servitudes. Le Code ne fait pas expressément cette division qui, à la vérité, n'est
guère que doctrinale, et offre peu d'intérêt dans la
pratique. Il mentionne cependant les biens incorporels dans les articles 1607 et 2075.

5. Mais il formule une autre division des biens
qui les comprend tous, en *meubles* et *immeubles*
(art. 516), c'est-à-dire en biens qui peuvent être
déplacés et en biens qui ne peuvent l'être, sans détérioration. Cette distinction n'est pas une abstraite
théorie. Elle est nécessaire pour l'intelligence et
l'application d'un grand nombre d'articles de la loi.
Ainsi, par exemple, lorsqu'elle organise la communauté légale entre époux, la loi met une différence

4 Liv. II. *Des biens et des dif. modif. de la prop.*

entre les meubles et les immeubles (art. 1401 , 1404). Il en est de même lorsqu'elle fait connaître les objets sur lesquels peut être établie l'hypothèque (art. 2118 , 2119) , lorsqu'elle règle la forme des saisies (art. 583 et suiv. , 673 et suiv. du cod. de procéd.), lorsqu'elle détermine le tribunal compétent pour juger une contestation, suivant qu'il s'agit de meubles ou d'immeubles (art. 59 *id.*). Il était donc indispensable que la loi elle-même désignât clairement ce qu'on doit entendre par *meubles* et par *immeubles.* C'est ce qu'elle a fait et que je vais faire connaître , en rappelant et expliquant ses dispositions.

CHAPITRE PREMIER.

Des Immeubles.

SOMMAIRE.

13. *Ils deviennent meubles quand ils sont séparés du fonds.*

14. *Des immeubles fictifs. Leur subdivision.*

15. *Des immeubles par destination , en général.*

16. *Des animaux attachés à la culture.*

17. *Des tuyaux servant à la conduite des eaux , réservoirs et vaisseaux.*

18. *Des ustensiles aratoires , semences , pigeons , lapins , ruches à miel , pressoirs , chaudières et autres ustensiles , pailles et engrais , etc.*

19. *Des bâtimens , machines et autres objets servant à l'exploitation des mines.*

20. *Des fleurs et arbustes , échalas, clefs des maisons , etc.*

21. *Des machines et décorations de théâtre.*

22. *Des immeubles par l'objet auquel ils s'appliquent. De l'usufruit , de l'usage et de l'habitation.*

23. *Les baux à ferme ou à loyer sont régis par d'autres principes.*

24. *Des servitudes.*

25. *Des actions relatives à des immeubles.*

26. *Des immeubles par la détermination de la loi.*

6. Je viens de dire ce qu'on entend par immeubles. On peut donc savoir déjà que cette désignation exprime le plus solide fondement des fortunes , la plus intéressante partie des biens , celle que la loi protége spécialement. Les biens doivent être ainsi qualifiés, à cause de leur nature ou de leur destination, ou de l'objet auquel ils s'appliquent. (art. 517).

7. A cette division des immeubles faite par la loi elle-même , il faut en ajouter une autre , ou , pour mieux dire , il convient de la reproduire en d'autres termes. Les immeubles sont aussi *réels* ou *fictifs*. Je reviendrai sur cette distinction à mesure que j'examinerai leurs diverses espèces.

Il est encore une espèce d'immeubles dont les objets sont trop restreints pour qu'elle doive figurer dans une classification générale , celle des immeubles par la détermination de la loi.

Je vais d'abord m'occuper , en suivant l'ordre indiqué , des immeubles par leur nature qui doivent aussi être appelés réels ; car aucune circonstance ne peut modifier cette nature tant qu'ils conservent la forme qui les constitue.

8. Sont immeubles par leur nature les fonds de terre et les bâtimens (art. 518), les moulins à vent et à eau , fixés sur piliers et faisant partie du bâtiment (art. 519). Telles sont les expressions de la loi.

On conçoit que les fonds de terre sont essentiellement immeubles par leur nature , parce que la nature les a produits , mais les bâtimens composés de parties meubles ne deviennent immeubles que par leur accession au sol , au moyen de laquelle ils participent de sa nature. Ce n'est donc que les bâtimens incorporés avec le sol , par des fondations , qui sont immeubles ; les constructions posées sur le sol n'auraient pas le même caractère.

Au reste , il importe peu que le bâtiment , pour qu'il soit immeuble , ait été construit par le propriétaire du sol ou par un autre que lui.

9. On s'accorde à reconnaître une erreur de rédaction dans l'art. 519 dont les termes exigent que ,
pour être immeubles , les moulins soient fixés sur
pilliers *et* fassent partie du bâtiment. Il suffit de
l'une ou de l'autre de ces deux conditions, soit que
l'on consulte l'esprit de la loi , soit qu'on argumente
des expressions de l'article 531 qui ne répute meubles que les moulins non fixés par des pilliers *et* ne
faisant pas partie de la maison , d'où il suit que ceux
qui ne réunissent pas ces deux conditions sont immeubles. [1]

10. Les mines de toute espèce déclarées immeubles par l'article 8 de la loi du 21 avril 1810 doivent
être aussi rangées dans la classe des immeubles par
leur nature.

11. Sont encore comprises dans la même dénomination, les récoltes pendantes par les racines, c'est-
à-dire non détachées du sol , ainsi que les fruits des
arbres non encore recueillis (art. 520). Ils sont
aussi immeubles par accession, de cela qu'ils pro-
viennent du sol, dont ils sont l'accessoire, sans
lequel leur existence ne serait pas possible. Il en est
de même et à plus forte raison des arbres de toute
espèce, des bois taillis (bois qui se coupent à des
époques périodiques), et des futaies même mises

---

[1] M. Duranton , t. 4 , n° 22 , etc.

en coupes réglées (on désigne sous le nom de futaies les anciens arbres stériles âgés de quarante ans; ils deviennent hautes futaies lorsqu'ils sont parvenus à soixante).

12. Cependant les récoltes, les fruits et ces arbres ou bois ne sont réputés immeubles qu'autant qu'ils sont l'accessoire du sol, dans les conventions, comme ils le sont par leur nature, ou, pour mieux dire, qu'autant qu'ils n'ont pas été distingués du sol, par la convention. Ainsi, par exemple, le propriétaire d'un champ déclare vendre, donner ou léguer cet immeuble, sans faire aucune réserve; l'aliénation comprend les récoltes pendantes par racines, les fruits non encore recueillis et tous les arbres qui se trouvent sur ce champ. Mais rien ne l'empêche d'aliéner séparément les fruits, récoltes ou arbres en conservant la propriété du sol, et cette vente n'est que mobilière.

Quoique immeubles, les récoltes pendantes et les fruits non recueillis peuvent être saisis autrement que par la voie immobilière, au moyen de la saisie-brandon qui est mobilière (art. 626 et suiv. C. de P.). L'époque prochaine de leur perception a motivé cette exception qui, diminuant les frais d'exécution, est dans l'intérêt de tous, du créancier comme du débiteur.

13. Ce n'est qu'autant qu'ils sont adhérens au sol et qu'ils forment un seul tout avec lui, que ces objets sont immeubles. Car les grains coupés et les fruits détachés, quoique non enlevés, sont meubles. Si une partie seulement de la récolte est coupée, cette partie seule est meuble (*idem*); et ce n'est qu'à mesure que les arbres sont abattus, que les coupes ordinaires des bois taillis ou de futaies mises en coupes réglées deviennent meubles (art. 521).

14. Les immeubles fictifs sont, d'après le sens littéral des termes, bien différens des immeubles réels ou par leur nature. Cette dénomination s'applique à des objets qui sont mobiliers de leur nature, mais qui à cause de leur relation intime avec le fonds, leur nécessité ou leur grande utilité pour le fonds, se confondent avec lui. Ils se subdivisent en immeubles par destination, en immeubles par l'objet auquel ils s'appliquent, et en immeubles par la détermination de la loi.

15. Sont immeubles par destination, les objets animés ou inanimés que le propriétaire d'un fonds y a placés pour le service et l'exploitation de ce fonds (art. 524). Il est à remarquer que, pour qu'ils aient ce caractère, ces objets doivent être placés sur le fonds par le propriétaire, et non par tout autre que lui, comme un fermier, un locataire. Ceux-ci en effet ne peuvent pas donner aux objets qu'ils placent sur un fonds qui ne leur appartient pas, une destination assez durable, pour qu'ils soient transformés de meubles en immeubles.

16. Venons à la nomenclature des immeubles par destination. Ce sont :

1° Les animaux que le propriétaire du fonds livre au fermier ou au métayer pour la culture, estimés ou non, tant qu'ils demeurent attachés au fonds, et ceux qui, dans tous les cas, sont attachés à la culture par l'effet de la convention (art. 522 et 524).

Cette précision relative à l'estimation, ou au défaut d'estimation, a pour objet d'écarter l'application de la règle qui, dans certains cas, comme dans celui de l'article 1551, fait résulter de l'estimation, l'aliénation des meubles.

Il suit des termes de la loi citée, que si ces animaux cessent d'être attachés à la culture, ils redeviennent meubles, d'où dérivent plusieurs conséquences importantes qui se rattachent notamment à la matière des hypothèques ou des saisies, et dont je dois ajourner l'examen.

D'après les principes du droit romain, les animaux employés à la culture du fonds n'étaient jamais immeubles. *Instrumentum fundi non est pars fundi*, disait la loi 2 § 1. ff de instrum. leg. L'intérêt de l'agriculture explique à cet égard la règle contraire de notre droit.

Mais les animaux donnés à cheptel à d'autres qu'au fermier ou métayer, sont meubles (*idem*); car ils ne sont pas employés à la culture du fonds. Voyez, en effet, ce qu'on entend par *cheptel*, art. 1800 et suivans.

17. 2º Les tuyaux incorporés avec le fonds qui servent à la conduite des eaux nécessaires , utiles ou d'agrément , dans une maison ou dans un autre héritage (art. 513) [1]. Il doit en être de même des réservoirs et vaisseaux destinés à recevoir ces eaux et qui sont adhérens au fonds.

18. 3º Les ustensiles aratoires, les semences données aux fermiers ou colons partiaires , qu'elles aient été jetées en terre ou non (art. 524). [2] Sans ces objets , l'exploitation du fonds serait impossible ou improductive ;

Les pigeons des colombiers , les lapins des garennes , les ruches à miel, les poissons des étangs (*id.*)· Ces animaux sont en effet nourris par le fonds , et ils sont les objets accessoires et non principaux de la possession qui affecte principalement les colombiers , les garennes , les étangs. D'après cela , il est évident que les pigeons de volière et les lapins de basse-cour qui ne jouissent pas de leur liberté naturelle et qui sont les objets principaux de la possession sont meubles.

Les pressoirs , chaudières , alambics , cuves et

(1) M. Duranton, t. 4, nº 19, les répute immeubles par leur nature. — J'ai préféré l'opinion de Toullier, t. 3, nº 15, qui les comprend dans les immeubles par destination.

(2) Il en était autrement dans le Droit romain ; les semences jetées en terre étaient seules immeubles. *Quæ sata sunt solo cedere intelliguntur.* Inst. de rer. Div. § 32.

tonnes ; les ustensiles nécessaires à l'exploitation des forges , papeteries et autres usines (*id.*). Je rappellerai à cet égard ce que j'ai déjà dit , que ces divers objets ne sont immeubles par destination qu'autant qu'ils ont été placés sur le fonds par le propriétaire pour un constant usage , sans qu'au surplus il soit nécessaire qu'ils soient incorporés au fonds ou enfoncés en terre , et que ceux qui seraient placés par un locataire, fermier ou tout autre, fussent-ils scellés ou enfoncés en terre , seraient meubles.

Les pailles et engrais (*id.*), ainsi que tous fourrages destinés à être consommés sur le fonds ; mais non ceux de ces objets qui sont destinés à être vendus et qui sont considérés comme récoltes.

Tous les effets mobiliers que le propriétaire a attachés au fonds à perpétuelle demeure (*id.*) , c'est-à-dire qu'il y a fait sceller en plâtre , ou à chaux , ou à ciment , ou lorsqu'ils ne peuvent être détachés sans être fracturés et détériorés , ou sans briser ou détériorer la partie du fonds à laquelle ils sont attachés (art. 525).

Le Code applique le principe aux glaces d'un appartement lorsque le parquet sur lequel elles sont attachées fait corps avec la boiserie , aux tableaux et autres ornemens , et aux statues placées dans une niche pratiquée exprès pour les recevoir , encore qu'elles puissent être enlevées sans fracture ou détérioration (*id.*).

19. J'ai dit plus haut (nº 10) que les mines sont

immeubles par leur nature. Les bâtimens, machines, puits, galeries et autres travaux établis à demeure, les chevaux, agrès, outils et ustensiles servant à leur exploitation, sont immeubles par destination (art. 8 de la loi du 21 avril 1810).

20. Il est encore beaucoup d'autres objets qui, en doctrine et en jurisprudence, sont réputés immeubles ; ce sont :

Les fleurs et arbustes plantés en pleine terre, lors même qu'ils pourraient en être retirés pendant l'hiver par exemple, pour y être replacés au printemps. Il en serait autrement s'ils étaient dans des caisses ou pots, à moins qu'ils n'eussent été placés sur le fonds à perpétuelle demeure, circonstance dont l'appréciation dépendrait des tribunaux [1].

Les échalas qui ont servi, lors même qu'ils auraient été détachés des vignes, pour être conservés pendant l'hiver [2].

Les clés d'une maison, les planches qui servent à la fermeture d'une boutique, et autres objets ayant une semblable destination [3].

21. On pourrait conclure des principes qui viennent d'être exposés, que les machines, décorations

---

(1) M. Duranton, tom. 4, n° 45.
(2) Pothier, *des Choses*, § 1. — Toullier, t. 3, n. 13, etc.
(3) Pothier, *loc. cit.*

et autres effets mobiliers servant à un théâtre sont immeubles par destination. Mais une décision du ministre des finances, du 4 mars 1806, porte le contraire [1]. Il resterait à savoir si cette décision aurait force de loi devant les tribunaux, ce que je n'admettrais pas sans difficulté.

22. Ainsi qu'on l'a déjà vu (n° 6), il est des choses qui sont immeubles par l'objet auquel elles s'appliquent. Le Code déclare tels l'usufruit des choses immobilières, les servitudes ou services fonciers, les actions qui tendent à revendiquer un immeuble (art. 526).

Nous verrons à l'article 578 ce qu'on entend par usufruit. L'usage d'un fonds (art. 630) est également un droit immobilier, ainsi que l'habitation (art. 632).

23. Mais il n'en est pas de même du bail à ferme ou à loyer qui n'est que mobilier, parce qu'il n'attribue pas à celui auquel il est concédé un droit dans la chose, *jus in re*, mais seulement un droit personnel contre le propriétaire, pour qu'il le fasse jouir de la chose, *jus ad rem* [2].

24. Les servitudes, quoique droits incorporels,

---

(1) Journal de Jurisp. du Cod. civ., tom. 9, p. 365.

(2) M. Duranton, t. 4, n° 73.

sont nécessairement immeubles, parce qu'elles ne peuvent s'établir que pour et sur des immeubles (art. 637).

25. Les actions qui tendent à revendiquer un immeuble sont aussi immeubles, par application de la règle : *Qui habet actionem ad rem recuperandam, ipsam rem habere videtur* [1].

Il ne faut pas conclure de ce que l'article 526 ne parle que des actions en revendication, qu'elles soient les seules qui doivent être considérées comme immeubles. Le même caractère appartient incontestablement à toutes les actions qui ont des immeubles pour objet, qu'il s'agisse de legs, de donation, d'hypothèque ou de tout autre droit.

26. En principe général , comme nous le verrons dans le chapitre suivant, les créances, rentes et actions sont meubles. Ce n'est qu'en vertu d'une disposition législative exceptionnelle et bien expresse qu'il peut être dérogé à ce principe, et les droits mobiliers de leur nature que la seule volonté de la loi rend immeubles, peuvent prendre le nom d'immeubles par la détermination de la loi.

D'après un décret du 16 janvier 1808, les actions sur la banque de France peuvent être transformées en immeubles. Il en est de même des actions des

---

(1) L. 15 , ff. *de reg. jur.*

canaux d'Orléans et du Loing, aux termes d'un autre décret du 16 mars 1810.

CHAPITRE II.

Des Meubles.

SOMMAIRE.

39. *Sens légal des mots :* biens meubles, mobilier *ou* effets
mobiliers.
40. *Valeur relative de ces diverses acceptions.*
41. *Elles ne sont pas toujours obligatoires pour les tribu-*
naux, auxquels reste le droit d'interprétation.
42. *Ce que comprend la disposition d'une maison meublée*
ou avec tout ce qui s'y trouve.

27. Tous les biens étant nécessairement compris
dans la division des immeubles et des meubles, et
le chapitre précédent nous ayant fait connaître tout
ce qui est immeuble, on pourrait se borner à dire
que tous les biens qui ne sont pas immeubles sont
meubles. D'autres explications ont pourtant été re-
connues nécessaires par la loi et par la jurisprudence.

La loi divise cette sorte de biens en meubles par
leur nature, et en meubles par la détermination de
la loi (art. 527).

28. Les meubles par leur nature sont ceux qui
peuvent se transporter d'un lieu à un autre, soit
qu'ils se meuvent par eux-mêmes, comme les animaux, soit qu'ils ne puissent changer de place que
par l'effet d'une force étrangère, comme les choses
inanimées (art. 528).

29. Après cette définition générale, la disposition de l'article 531 qui déclare meubles les bâteaux,
bacs, navires, moulins et bains sur bâteaux, ainsi
que toutes usines non fixées sur des piliers, et ne

2

faisant point partie de la maison, peut paraître superflue. Cependant l'article cité a son utilité lorsqu'il déclare que la saisie de certains de ces objets peut, à cause de leur importance, être soumise à des formes particulières, ainsi que l'explique le code de procédure.

30. S'occupant encore des meubles par leur nature, la loi déclare que les matériaux provenant de la démolition d'un édifice et ceux qui sont assemblés pour en construire un nouveau, sont meubles jusqu'à ce qu'ils soient employés par l'ouvrier dans une construction (art. 532).

Cet article a fait naître une difficulté. Elle consiste à savoir si les matériaux, provenant d'un ancien édifice et destinés à être employés dans son entière reconstruction, sont meubles ou immeubles.

Si nous consultons d'abord les termes de la loi, nous voyons qu'elle ne fait pas de distinction lorsqu'elle déclare meubles les matériaux provenant de la démolition d'un édifice, entre ceux qui doivent être employés à sa reconstruction et ceux qui ont une autre destination. Mais, d'un autre côté, en déclarant meubles les matériaux assemblés pour en construire *un nouveau*, n'a-t-elle pas voulu dire que s'ils sont assemblés pour la reconstruction de l'ancien édifice, ils sont immeubles ?

Observons d'abord que les auteurs s'accordent à reconnaître que les matériaux et autres objets détachés de l'édifice pour y être replacés conservent la qualité d'immeubles, suivant la loi 17, § 10, ff. de act. empt. et vend. , qui s'exprime ainsi : *Ea quœ ex œdificio detracta sunt ut reponantur, œdificii sunt* [1].

Pothier [2], sur la question posée, décide que les matériaux destinés à la reconstruction de la maison restent immeubles et ne perdent cette qualité que lorsque le propriétaire paraît avoir abandonné le dessein de la rebâtir.

Cependant on soutient [3] et il a été jugé [4] que les matériaux provenant de la démolition sont meubles, lors même que le propriétaire aurait l'intention de reconstruire avec ces matériaux. La raison principale de cette opinion est que l'édifice qui était, par rapport aux matériaux, l'objet principal, étant détruit, il n'y a plus d'accession possible, ni par conséquent d'immeubles par destination.

Cette opinion ne me paraît pas fondée, et celle de Pothier mérite la préférence. Il faut d'abord écarter l'objection prise du texte de l'article 532, que M. Duranton lui-même, loc. cit., modifie pour le cas où il ne s'agit que de matériaux détachés de l'édifice et qui doivent y être replacés. La raison du défaut d'accession des matériaux à l'édifice s'appliquerait aussi bien à ce dernier cas qu'à celui d'une démo-

---

(1) Toullier, t. 3, n° 19. — M. Duranton, t. 4, n° 112.

(2) Traité de la Communauté, n° 62.

(3) M. Duranton, t. 4, n° 111.

(4) Cour de Lyon, 23 décembre 1811. — Dalloz, t. 2, p. 476.

lition et reconstruction entières. Ce n'est donc que par leur destination, c'est-à-dire par l'intention du propriétaire, que leur qualité peut être fixée, et la destination peut exister aussi bien dans le cas d'une démolition totale que dans celui d'une démolition partielle. Tel est, à mon avis, le vrai sens de la loi 17 déjà citée, et c'est ainsi que Voët l'a entendue [1].

31. La loi déclare meubles par sa détermination, les obligations et actions qui ont pour objet des sommes exigibles ou des effets mobiliers, les actions ou intérêts dans les compagnies de finance, de commerce ou d'industrie, encore que des immeubles dépendans de ces entreprises appartiennent aux compagnies. Ces actions ou intérêts sont réputés meubles à l'égard de chaque associé seulement tant que dure la société (art. 529).

Le mot *exigibles* doit être réputé non écrit dans cet article. Car les sommes dues à terme ou sous condition, quoiqu'elles ne soient pas actuellement exigibles, ne sont pas moins meubles.

La disposition suivant laquelle les actions et intérêts dans les entreprises desquelles dépendent des immeubles, sont meubles à l'égard de chaque associé, veut dire que nul associé ne peut, en son nom personnel, disposer de ces immeubles par hypothèque

---

(1) *Lib.* 1., *Tit.* 18, n° 14.

ou autrement, et qu'à la société seule appartient ce droit.

32. D'après les anciens principes, les rentes *foncières* (on appelait ainsi les redevances annuelles réservées par celui qui concédait un *fonds* à autrui) constituaient, en faveur du bailleur, un droit réel de propriété, immobilier, *jus in re*, dont il ne dépendait pas du preneur de s'affranchir, en payant sa valeur. La rente était perpétuelle, inhérente au fonds; le seul moyen qu'avait le débiteur de s'en libérer, était l'abandon du fonds au bailleur, qu'on appelait déguerpissement.

Les biens grevés de ces rentes étaient généralement moins bien cultivés, d'une transmission plus difficile et sujets à de nombreuses difficultés, à cause du droit précaire et incertain de leur possesseur. Ces inconvéniens motivèrent la loi du 11 août 1789 et celle du 29 décembre 1790 qui, en déclarant ces rentes rachetables, donnèrent au possesseur un moyen de se libérer en consolidant la propriété sur sa tête.

33. C'est par une conséquence du principe qui fut alors posé que le Code déclare meubles, par la détermination de la loi, les rentes perpétuelles ou viagères, soit sur l'état, soit sur des particuliers (*id*), quelle que soit leur origine, et qu'il dispose que toute rente établie à perpétuité pour le prix de la vente d'un immeuble, ou comme condition de la

cession à titre onéreux ou gratuit d'un fonds immobilier est essentiellement rachetable (art. 530),
c'est-à-dire que le débiteur peut s'en libérer en en
remboursant la valeur.

L'innovation n'est applicable qu'aux rentes créées
pour concession de fonds. Car, d'après les anciens ,
comme d'après les nouveaux principes , le débiteur
d'une rente établie par l'abandon fait au preneur
d'une somme d'argent qu'on appelait autrefois rente
constituée pour la distinguer de la rente foncière, a
toujours pu mettre un terme au service de la rente ,
par le paiement de son capital.

34. Cependant il est permis au créancier de régler
les clauses et conditions du rachat, comme de stipuler
que la rente ne pourra lui être remboursée qu'après
un certain terme, lequel ne peut jamais excéder
trente ans. Toute stipulation contraire est nulle (*id*).

Cette nullité n'affecterait pas pourtant , d'une
manière absolue, un contrat de constitution dans
lequel le rachat serait interdit pendant plus de trente
ans. Seulement la prohibition serait restreinte à ce
terme [1].

Cette faculté de prohiber le rachat pendant trente
ans n'est applicable qu'aux constitutions de rente
pour concession de fond. Car s'il s'agit d'une rente
constituée moyennant un capital que le prêteur s'in-

---

[1] M. Duranton , t. 4, nº 158.

terdit d'exiger, le terme pendant lequel le rachat
peut être suspendu est seulement de dix ans (art.
1911).

35. Ici se place l'examen d'une question qui n'est
pas sans importance. Il s'agit de coordonner les dispositions de l'article 1ᵉʳ de la loi du 29 décembre
1790 et de l'article 530 du Code civil.

La loi du 29 décembre autorise des baux à rente
ou emphythéoses qui doivent être nécessairement
exécutés, dont par conséquent le rachat est interdit
pendant quatre-vingt-dix-neuf ans au plus; et l'article 530 ne permet la stipulation de non rachat que
pendant trente ans au plus.

M. Toullier [1] décide formellement que l'article
530 déroge à cette disposition de la loi du 29 décembre qui se trouverait ainsi abrogée. M. Duranton [2]
soutient l'opinion contraire, en se fondant sur ce que
l'article 530 ne statuant que sur les rentes établies à
perpétuité, laisse subsister la loi du 29 décembre qui
ne s'applique qu'à des rentes temporairement établies.

Mais tandis que la loi du 29 décembre autorisait
expressément les baux à rente foncière ou emphythéoses pour 99 ans, le Conseil d'Etat, dans sa séance
du 15 nivôse an XII, après une longue et importante
discussion, rejeta, sans modification, la proposition

(1) Tome 3, n° 21.
(2) Tome 4, n° 145.

qui avait été faite de les rétablir [1], et ce ne fut que postérieurement que l'article 530 fut proposé et adopté. Cet article exprime donc toute la pensée du législateur sur les rentes créées pour concession de fonds, et abroge tacitement l'article 1er de la loi du 29 décembre. Qu'importe que l'article 530 ne mentionne que les rentes établies à perpétuité, et quelle différence justifieraient l'esprit et l'ensemble de la législation sur ce point entre une rente établie à perpétuité et celle qui ne le serait que pour 99 ans? Je pense donc qu'actuellement les rentes établies pour concession de fonds ne peuvent, en aucun cas, être stipulées non rachetables, pendant un terme excédant trente années.

36. Pour prévenir les nombreuses difficultés qui auraient pu s'élever sur le véritable sens de quelques expressions, le Code nous fait connaître ce qu'on doit entendre légalement, dans certains cas, par les mots *meuble, meubles meublans, biens meubles* et autres à peu près semblables.

Le mot *meuble* (on s'accorde généralement à reconnaître qu'il faut lire *meubles*), employé seul dans les dispositions de la loi ou de l'homme, sans autre addition ni désignation, ne comprend pas l'argent comptant, les pierreries, les dettes actives, les livres, les médailles, les instrumens des sciences,

(1) Rép. de Jurisp., vº Rente foncière, § 2, art. 5.

des arts et métiers, le linge de corps, les chevaux, équipages, armes, grains, vins, foins et autres denrées; il ne comprend pas aussi ce qui fait l'objet d'un commerce (art. 533).

C'est son intention présumée ou celle du disposant que la loi a voulu expliquer par cet article. Il est sensible, en effet, que le mot *meubles,* isolé de toute expression qui puisse en étendre le sens littéral, ne comprend pas les objets qu'il énumère. Ainsi, par exemple, un individu parlera des meubles qu'il possède; il n'entrera dans la pensée d'aucun de ceux qui l'entendent qu'il ait voulu faire allusion à l'argent-comptant, pierreries, etc., qui peuvent lui appartenir.

Mais si quelqu'un vend, donne ou lègue *tous* ses meubles à une personne et tous ses immeubles à une autre, tout ce qu'embrasse le mot *meubles* dans son acception la plus étendue, c'est-à-dire tout ce qui n'est pas immeuble, sera compris dans la première disposition.

37. La seule difficulté qui puisse naître de cet article est de savoir si ses expressions sont limitatives, ou s'il est permis d'ajouter aux exceptions qu'il exprime. Suivant M. Toullier [1] tout ce qui n'est point excepté dans l'énumération des objets indiqués est compris sous l'expression de *meubles* employée

_____

(1) Tome 3, nº 23.

seule et sans addition, comme l'argenterie, le linge autre que le linge de corps, etc.

Cependant il serait difficile de ne pas reconnaître, par exemple, que certains animaux domestiques tels que bœufs, mules, ne sont pas compris dans l'exception qui mentionne les chevaux, et qu'il ne doit pas en être des bijoux en or comme des pierreries, de l'argent en lingots comme de l'argent comptant [1]; d'où l'on doit être autorisé à conclure que les expressions de l'article 533 ne sont pas limitatives.

38. Les mots *meubles meublans* ne comprennent que les meubles destinés à l'usage et à l'ornement des appartemens, comme tapisseries, lits, siéges, glaces, pendules, tables, porcelaines et autres objets de cette nature. Les tableaux et les statues qui font partie du meuble d'un appartement, y sont aussi compris, mais non pas les collections de tableaux qui peuvent être dans les galeries ou pièces particulières. Il en est de même des porcelaines, celles seulement qui font partie de la décoration d'un appartement sont comprises sous la dénomination de meubles meublans (art. 534).

On voit donc que, dans le langage de la loi, les mots *meubles meublans* ont une acception encore plus restreinte que celle du mot *meubles* employé isolément.

---

(1) M. Duranton, tome 4, n° 176.

39. L'expression *biens meubles*, celle de *mobilier* ou d'*effets mobiliers*, comprennent généralement tout ce qui est censé meuble, d'après les règles ci-dessus établies (art. 535), c'est-à-dire les meubles par leur nature et par la détermination de la loi, conformément aux articles 528 et 529.

40. On peut dire, en résumé, sur ces diverses qualifications qui peuvent encore laisser bien des doutes, que les détails dans lesquels le législateur a cru devoir entrer à cet égard, ne font pas disparaître en entier, que les mots *biens meubles*, *mobilier ou effets mobiliers* ont une acception plus étendue que celle du mot *meubles* employé seul, et que ce dernier mot embrasse plus d'objets que celui de *meubles meublans*.

41. Malgré ces précisions de la loi, il arrive souvent que, dans l'interprétation des actes, les tribunaux s'écartent du sens qu'elle donne à chacun de ces mots. On doit, en effet, rechercher, dans les conventions, quelle a été la commune intention des parties plutôt que de s'arrêter au sens littéral des termes (art. 1156). Il en est de même pour les testamens; et, de cela que le testateur, dont l'intention sera d'ailleurs établie par les circonstances, aura fait usage d'une expression qui a pu rendre sa pensée, à laquelle il n'a pourtant pas donné le sens légal, une volonté étrangère ne devra pas être substituée à la sienne.

42. Erigeant l'interprétation de certaines clauses en principe, le Code dispose que la vente ou le don d'une maison meublée ne comprend que les meubles meublans (*id.*); et que la vente ou le don d'une maison, avec tout ce qui s'y trouve, ne comprend pas l'argent comptant, ni les dettes actives et autres droits dont les titres peuvent être déposés dans la maison; tous les autres effets mobiliers y sont compris (art. 536).

Malgré la généralité de ces dernières expressions, il faut reconnaître encore ici, par application de la règle d'interprétation qui vient d'être invoquée, qu'il est des objets mobiliers autres que ceux désignés dans cet article, qui ne doivent pas être compris dans la vente ou le don d'une maison, avec tout ce qui s'y trouve, notamment le linge de corps et le vestiaire du vendeur, ainsi que des membres de sa famille [1].

CHAPITRE III.

Des biens dans leur rapport avec ceux qui les possèdent.

SOMMAIRE.

43. *Objet de ce chapitre.*
44. *Les biens sont nationaux, communaux ou privés.*
45. *Des biens nationaux ou du domaine public. Objets compris sous cette dénomination.*

---

[1] M. Duranton, tome 4, n° 181.

43. Les deux premiers chapitres de notre titre nous ont fait connaître les diverses natures de biens, et ces notions seraient purement abstraites et sans aucune utilité, si les biens ne devaient pas être considérés dans leurs rapports avec ceux qui les possèdent. C'est à déterminer ces rapports qu'est destiné ce troisième chapitre.

44. Ainsi considérés, les biens peuvent se diviser en trois grandes classes : les nationaux, les communaux, les privés ou patrimoniaux, selon qu'ils appartiennent à l'état, à des communes ou à des particuliers.

Cette division, à peu près complète comme division des biens, ne le serait pas s'il s'agissait des choses. Car il en est, comme nous l'apprendra l'article 714, qui n'appartiennent à personne et dont l'usage est commun à tous. Des lois de police règlent la manière d'en jouir.

45. Je dois d'abord m'occuper des biens nationaux ou de ceux dont l'état est propriétaire.

Il faut ranger dans cette classe les chemins, routes et rues à la charge de l'état, les fleuves et rivières navigables et flottables, les rivages, lais et relais de la mer, les ports, les hâvres, les rades, et généralement toutes les portions du territoire français qui ne sont pas susceptibles d'une propriété privée.

Ces biens sont considérés comme des dépendances du domaine public (art. 538).

Il en est de même des biens vacans et sans maître et de ceux des personnes qui décèdent sans héritiers, ou dont les successions sont abandonnées (art. 539), des portes, murs, fossés, remparts des places de guerre et des forteresses (art. 540); des terrains, des fortifications et remparts des places qui ne sont plus places de guerre et qui appartiennent à l'état tant qu'ils n'ont pas été valablement aliénés ou que la propriété n'en a pas été prescrite contre lui (art. 541).

Ces dispositions de loi demandent plusieurs explications qui seront présentées dans l'ordre même qu'a suivi le législateur pour leur rédaction.

46. Il y a plusieurs sortes de chemins publics, savoir : les routes royales dont la destination est d'établir des communications d'une partie du royaume à une autre, qui elles-mêmes sont de plusieurs classes, qui appartiennent à l'état et dont l'entretien est à sa charge; les routes départementales qui ont plus spécialement pour objet l'intérêt des départemens en particulier et dont l'entretien est à la charge des départemens qu'elles traversent; et les chemins vicinaux établis principalement pour les intérêts des communes. Ces derniers se divisent en chemins de grande communication vicinale créés par la loi du 21 mai 1836, qui profitent à plusieurs communes, dont chaque partie de terrain appartient à la commune sur laquelle elle existe, et qui sont à la fois à la charge du département et des communes intéressées; et en chemins vicinaux ordinaires qui sont la propriété de certaines communes et dont l'entretien reste exclusivement à leur charge.

Les rues à la charge de l'état sont une dépendance du domaine public. Pour qu'elles soient réputées telles, il faut qu'elles lient une route à une autre. Celles qui n'ont pas cette destination sont de simples propriétés communales.

47. Il est deux choses essentielles à considérer dans les chemins publics, leur destination ou leur nature, et la propriété du terrain sur lequel ils sont établis.

Les questions qui peuvent s'élever sur leur destination ou leur nature sont de la compétence de l'autorité administrative; celles qui concernent la propriété du terrain, sont du ressort des tribunaux.

48. C'est aussi l'autorité administrative qui décide si une rivière est navigable ou flottable ou non, c'est-à-dire si elle est ou si elle n'est pas une dépendance du domaine public.

49. Il en est de même pour les rivages de la mer. On entend par rivages le terrain que la mer couvre et découvre pendant les nouvelles et la pleine lune, *jusqu'où le grand flot de mars* peut s'étendre sur les *grèves* [1]. Cette partie se fait reconnaître par le gravier qui y est déposé.

50. Les autres dépendances du domaine public, mentionnées dans les articles précités, n'exigent pas

---

[1] Ordonnance de la marine de 1681.

d'observation particulière, et celles qui vont suivre s'appliquent à tous les objets qui ont été énumérés.

Parmi les biens nationaux , les uns sont hors du commerce et par conséquent inaliénables et imprescriptibles tant qu'ils conservent leur destination. Ce sont ceux d'une utilité générale comme les chemins , rivages et autres , énumérés dans les articles 538 et 540. Les autres sont dans le commerce. Ils peuvent être aliénés et prescrits. Tels sont les objets compris dans les articles 539 et 541 , ceux mentionnés aux articles 538 et 540 lorsqu'ils ont cessé d'être utiles au public , enfin ceux que l'état possède de la même manière que le feraient les particuliers , comme les forêts royales.

51. Mais la vente des uns et des autres ne peut avoir lieu qu'en vertu d'une loi , et suivant les formalités prescrites. C'est ce qui résulte de la loi des 22 novembre — 1er décembre 1790. Cependant les lais et relais de la mer (on appelle ainsi les portions de terrain que la mer laisse à découvert en s'écartant de ses anciennes limites) peuvent être concédés, aux termes de la loi du 16 septembre 1807, sans qu'il soit besoin, pour cela , d'une loi spéciale.

52. Le produit des impôts de toute espèce dont la disposition est laissée au gouvernement , conformément aux lois constitutionnelles , ne doit pas être considéré comme une dépendance du domaine public. C'est, en effet, à titre de souveraineté et pour l'exercice de la puissance publique, et non à titre de propriété qu'il en est disposé [1].

53. Les biens de la couronne ou de la liste civile, formant le domaine privé du roi, doivent aussi être distingués du domaine public. D'après la loi du 8 novembre 1814, sur la liste civile , les biens privés du roi se réunissaient, à son avénement, à ceux de l'état et il en était de même de ceux qu'il acquérait par la suite , s'il décédait sans en avoir disposé. La loi du 2 mars 1832 a changé cet état de choses , et maintenant le roi conserve la propriété des biens qui lui appartiennent, à son avénement au trône. Ces biens et ceux qu'il acquiert postérieurement qui composent le domaine privé sont soumis, en tous points, aux lois qui régissent les biens des particuliers , sauf en ce qui concerne les limites de la quotité disponible.

54. Les contestations qui peuvent s'élever sur la propriété des biens de l'Etat, ou les modifications de cette propriété, sont jugés, comme celles qui concernent les biens des particuliers, par les tribunaux ordinaires. C'est au préfet du département dans lequel se trouve le tribunal nanti de la contestation qu'est confiée la défense de l'état dont il est le représentant en cette matière. (Voyez notamment

---

(1) Toullier, tom. 3, n° 33.

l'art. 69 du cod. de procéd.). Quant aux contestations relatives aux biens de la couronne, elles sont
suivies par l'intendant de la liste civile , auquel les
assignations sont données en la personne des procu-
reurs du roi et procureurs-généraux que le code
de procédure (art. 69) charge de plaider et de défendre les causes du roi (art. 14 de la loi du 8
novembre 1814).

55. J'ai à parler maintenant des biens communaux qui sont ceux qui appartiennent en propriété
aux communes (art. 542).

La constitution de 1791, article 8, définit les
communes de la manière suivante : *Les citoyens*
français, considérés sous le rapport des relations
sociales qui naissent de leur réunion dans les villes
et dans certains arrondissemens du territoire des
campagnes, forment les communes. Elles constituent le dernier degré de notre division territoriale
actuelle qui comprend, comme on le sait, en re-
montant aux degrés plus élevés, les cantons, les arrondissemens et les départemens. Dans certains cas
les communes sont même subdivisées en sections.

La loi du 28 pluviôse an VIII et un arrêté du
gouvernement du 9 fructidor an IX contiennent les
principales règles de l'organisation des communes.

56. Parmi les biens que peuvent posséder les
communes, les uns ont une destination publique,
comme les églises, les chemins; et tant qu'ils la con-

servent ils sont hors du commerce, c'est-à-dire inaliénables et imprescriptibles. Les autres, comme
des champs, des bois qui ne sont pas à l'usage de
tous les habitans, dont la commune, comme corps,
retire des avantages, et qui sont pour elle une propriété privée, sont dans le commerce, aliénables et
prescriptibles. Mais, de même que ceux de l'état,
ces biens communaux ne peuvent être aliénés qu'en
vertu d'une loi, ce qui résulte des lois des 5 août
1791, 2 prairial an V, et 9 ventôse an XII. C'est la
loi du 28 pluviôse an VIII, article 15, qui fait connaître les préalables à remplir pour cette aliénation.

57. Mais, tandis qu'une loi est nécessaire pour
l'aliénation des biens qui appartiennent aux communes, elles peuvent en acquérir en vertu d'une
simple ordonnance.

58. Puisqu'il est ici question des communes, je
peux, sans trop m'écarter de mon sujet, rappeler
quelques principes qui les concernent et qui reçoivent une fréquente application.

Les communes, ainsi que les autres établissemens
publics, ne peuvent transiger qu'avec l'autorisation
expresse du roi (art. 2045). Les formalités qui précèdent ou accompagnent la transaction sont déterminées par l'arrêté du gouvernement du 21 frimaire
an XII et par le décret du 17 juillet 1808.

Pour plaider, soit en demandant, soit en défendant, les communes doivent être autorisées par le

conseil de préfecture (loi du 28 pluv. an VIII, art.
4). Si le jugement de première instance est conforme à leurs prétentions, elles peuvent défendre
en appel sans une nouvelle autorisation qui leur est
pourtant nécessaire pour appeler si elles ont suc-
combé. Mais elles n'en ont pas besoin pour se pour-
voir en cassation.

Le conseil de préfecture peut refuser l'autorisation demandée; ce qui ne peut jamais empêcher les
adversaires des communes d'exercer leurs droits,
mais ce qui doit amener ou la reconnaissance par la
commune du droit exercé contre elle, ou sa con-
damnation en justice (ordonnance du 20 janv. 1819.
Sirey 20-2-174).

59. Avant la révolution de 1789, les corps ecclésiastiques possédaient des biens très-considérables
qui furent réunis au domaine de l'état par le décret
de l'assemblée constituante du 2 novembre 1789.
Le concordat de 1801 confirma le principe qui avait
été posé, en déclarant le clergé et les établissemens
ecclésiastiques incapables de posséder et d'acquérir
des immeubles. Cet état de choses a été changé par
une loi du 2 janvier 1817 qui permet aux établissemens ecclésiastiques d'acquérir des immeubles sous
certaines conditions qu'elle détermine. Cette loi admet
le principe de l'inaliénabilité de ces immeubles autrement qu'en vertu d'une ordonnance royale.

60. D'autres établissemens publics, tels que les

hospices, peuvent aussi posséder des biens qui sont soumis, pour leur aliénation et leur administration, à des règles particulières, mais qui d'ailleurs ne constituent que des propriétés privées.

61. On peut avoir sur les biens, ou un droit de propriété, ou un simple droit de jouissance, ou seulement des services fonciers à prétendre (art. 543). Ces divers droits sont réglés par les trois titres suivans qui, avec celui dont les principes viennent d'être exposés, composent le second livre.

TITRE II.

De la propriété.

SOMMAIRE.

63. Malgré l'incertitude qui règne sur le principe originaire de la propriété et, qu'au lieu de faits, nous ne puissions avoir, à cet égard, que des conjectures ou des systèmes, il ne sera peut-être pas sans utilité de rappeler quelques idées le plus généralement admises sur cette base de l'ordre social, avant d'entrer dans l'examen des dispositions de loi qui composent notre titre.

63. Dans l'état primitif, et lorsque les sociétés n'avaient pas encore reçu d'organisation, la première propriété de l'homme fut celle de sa personne. Les besoins physiques durent lui en attribuer bientôt une autre, celle des objets nécessaires à sa nourriture et au maintien de son existence. Tels ont dû être en effet les premiers élémens de la propriété chez les Sauvages comme chez les peuples civilisés.

64. Mais celui de tous les objets existans qui peut être le plus utile à l'homme, la terre, commune à tous, n'appartenait en particulier à personne. Tant que cet état a duré, elle était, suivant l'expression des auteurs qui ont écrit sur le droit naturel, l'objet d'une *communauté négative*.

65. Alors la propriété se confondait avec la possession. Les anciens philosophes la comparaient à un théâtre où les places sont occupées par le premier qui se présente, et où celles qui sont laissées vides appartiennent à ceux qui s'en emparent.

66. Mais lorsque les hommes se sont réunis en société, à la propriété mobilière qui a existé sans convention, a succédé la propriété foncière, la propriété permanente. D'abord manifestée par l'agriculture, elle a été sanctionnée d'un commun accord, par les besoins de la famille.

67. Les lois civiles sont ainsi venues régulariser la propriété et lui donner un caractère distinct de la possession. Des expressions aussi simples qu'énergiques résument la différence qu'il y a entre l'une et l'autre : la propriété est un droit, la possession n'est qu'un fait.

68. En consacrant la propriété, les lois ont établi les moyens de la transmettre. Les uns dérivent du droit naturel ou des gens, comme la vente, l'échange, qui sont de tous les temps et de tous les lieux, les autres ont leur source dans le droit civil, comme les successions.

Suivant nos lois, la propriété se transmet par succession, par donation, par testament, par l'effet des obligations (art. 711), par l'accession, la prescription, l'occupation et l'invention.

69. Quelquefois elle résulte de la possession. Il peut en être ainsi pour les fruits (art. 549) et pour les meubles (art. 2279), ainsi que dans les cas où il y a égalité de titres entre divers prétendans à la même chose.

70. On distingue, dans la doctrine, la propriété en parfaite et imparfaite. La première, qui est la plus commune, est celle qui n'est pas sujette à s'évanouir par l'exercice d'un droit contraire. La seconde peut disparaître devant plusieurs circonstances telles, par exemple, que l'événement de la condition résolutoire ou l'exercice de la faculté de rachat.

71. La propriété est pleine et entière lorsque celui qui en est investi perçoit tous les produits de la chose, en recueille tous les avantages. Elle est appelée *nue* lorsque l'utilité en profite à un autre que le propriétaire, par exemple, si elle est grevée d'usufruit.

72. Voyons maintenant la définition que donne le Code de la propriété. C'est le droit de jouir et disposer des choses de la manière la plus absolue pourvu qu'on n'en fasse pas un usage prohibé par les lois ou par les réglemens (art. 544).

73. La limite ainsi posée à l'exercice de ce droit est fondée le plus souvent sur des motifs d'intérêt général ou public, quelquefois sur des raisons d'intérêt privé.

Ainsi, un propriétaire n'a pas le droit d'incendier sa maison ou de la reconstruire, dans certains cas, sans suivre un alignement prescrit par l'autorité compétente; et son droit de propriété est modifié, dans d'autres, pour l'utilité des fonds voisins, comme nous le verrons au titre des servitudes.

74. Les attributs principaux de la propriété sont la jouissance, l'abus, la destruction, la disposition.

75. La liberté de disposer reçoit pourtant des exceptions, dans des sens opposés. Tantôt l'intérêt de la famille la limite en mettant hors de la disposition de l'homme une partie de sa propriété, tantôt des motifs d'intérêt public le forcent à renoncer à sa propriété qu'il voudrait conserver.

Mais cet abandon forcé, qui ne peut être fondé que sur ce motif, ne peut être exigé que moyennant une juste et préalable indemnité (art. 545 et art. 9 de la charte).

76. Une loi du 8 mars 1810 avait réglé les conditions et les formes de l'expropriation pour cause d'utilité publique. Elle a été abrogée et remplacée par celle du 7 juillet 1833 qui a le même objet.

Il existe encore d'autres lois qui, dans des motifs

d'intérêt général, modifient le droit de propriété. Telles sont la loi du 16 septembre 1807, sur le dessèchement des marais, celle du 21 avril 1810 sur les mines, et celle du 21 mai 1836, sur les chemins vicinaux.

77. Une des plus importantes conséquences de la propriété mobilière ou immobilière est de donner droit sur tout ce qu'elle produit et sur ce qui s'y unit accessoirement, soit naturellement, soit artificiellement. Ce droit s'appelle *droit d'accession* (art. 546). Je vais en examiner successivement les diverses espèces.

CHAPITRE PREMIER.

Du droit d'accession sur ce qui est produit par la chose.

SOMMAIRE.

78. L'accession est un moyen d'acquérir dérivant du droit naturel. Car, dans tous les temps, dans tous les lieux, il a été de toute équité que le propriétaire d'un objet quelconque le fût aussi de tout ce qui était produit par cet objet ou venait se confondre avec lui. La loi civile en consacre et en règle les effets.

79. Ainsi, le droit d'accession attribue :

1° Au propriétaire de la terre, les fruits naturels ou industriels qu'elle produit (art. 547). On appelle fruits naturels ceux qui sont le produit spontané de la terre (art. 583) tels que les bois, les foins ; et fruits industriels, ceux qu'on obtient d'un fonds par la culture (*id.*) tels que les moissons.

2° Aux propriétaires de maisons, de capitaux, de rentes et de biens ruraux affermés, les fruits civils (art. 547). On désigne, sous ce nom les loyers des maisons, les intérêts des sommes exigibles, les arrérages des rentes et les prix des baux à ferme (art. 584).

3º Au propriétaire d'animaux, le croît, c'est-à-dire les petits de ces animaux (art. 547). Par la même raison, les autres produits de ces animaux, tels que le lait, la laine appartiennent à leur propriétaire.

Il est à remarquer que le croît appartient toujours au propriétaire de la femelle [1].

80. La loi fait une précision qui diminue les avantages de la propriété des fruits, que commandait l'équité, et qui n'est applicable qu'aux fruits industriels; c'est qu'ils n'appartiennent au propriétaire qu'à la charge de rembourser les frais des labours, travaux et semences faits par des tiers (art. 548). Sans ces travaux ou avances, en effet, ces fruits n'auraient pas existé. Le droit des tiers, dans ce cas, jouit même d'une telle faveur que l'article 2102 leur donne un privilége, en vertu duquel ils sont payés avant les autres créanciers du propriétaire.

D'après la loi 11 cod. de rei vindic., celui qui avait ensemencé le fonds d'autrui de mauvaise foi, c'est-à-dire sachant qu'il ne lui appartenait pas, ne pouvait pas répéter du propriétaire le montant des semences. Il ne paraît pas que cette décision puisse recevoir son application dans nos principes. Car l'article 548 ne peut guère être invoqué que par celui qui a ensemencé le fonds d'autrui de mauvaise foi,

_____

(1) L. 5, § 2, ff. *de rei vindic.*

les règles qui vont être expliquées attribuant l'entière propriété des fruits, par conséquent bien plus que la restitution des semences, au possesseur de bonne foi [1].

81. La rédaction de l'article 548 pourrait être plus claire. Cet article semble faire du remboursement des frais de labours et autres, une condition de la propriété des fruits. Il n'en est pourtant pas ainsi. C'est seulement une obligation, une charge imposée au propriétaire et non pas une condition à laquelle est subordonné le droit de propriété.

82. C'est toujours par droit d'accession que les fruits produits par une chose ou obtenus à l'occasion d'une chose, appartiennent à celui qui en est propriétaire. Mais quelquefois ils cessent de lui appartenir, et ils deviennent la propriété de celui qui possède, de bonne foi, la chose d'autrui (art. 549).

83. Quoique ce soit dans ce chapitre qui traite du droit d'accession, qu'il est question de ce droit du possesseur de bonne foi, il ne faut pas croire qu'il soit, à son égard, un effet de l'accession qui, comme je viens de le dire, ne peut avoir réellement lieu qu'en faveur du propriétaire lui-même. Cet avantage accordé au possesseur, qui est au contraire une ex-

[1] M. Duranton, tom. 4, n. 349.

ception au principe de l'accession , a sa source dans l'intérêt de l'agriculture et la bonne foi de celui auquel il est accordé.

84. Mais que faut-il pour qu'il y ait cette bonne foi qui produit des résultats si importans ? que le possesseur possède comme propriétaire (art. 550) ; car une possession à titre d'usufruitier, de locataire ou de fermier ne lui donnerait aucun droit aux fruits; qu'il possède en vertu d'un titre translatif de propriété (*id*), comme un acte de donation, de vente ou d'échange , et non pas un bail à loyer ou à ferme, par exemple; qu'enfin il ignore les vices de cet acte (*id.*), c'est-à-dire le défaut de qualité de celui avec lequel il a traité. La connaissance qu'aurait le possesseur d'une irrégularité de l'acte qui constituerait un vice de forme , ne mettrait pas d'obstacle à sa bonne foi.

85. Cette bonne foi doit donc être de fait et il n'est pas nécessaire qu'elle soit de droit. Au reste , elle se présume toujours quand elle est accompagnée des circonstances qui viennent d'être énumérées , et c'est à celui qui allègue la mauvaise foi à la prouver (art. 2268).

86. Si le possesseur de la chose d'autrui n'est pas de bonne foi , il est tenu d'en rendre les produits avec la chose elle-même au propriétaire qui la revendique (art. 549); et non-seulement il doit restituer les produits qu'il a perçus , mais encore ceux qu'il aurait pu percevoir par l'effet d'une meilleure administration. Car il faut que le propriétaire obtienne de sa chose les avantages qu'elle aurait pu lui procurer, s'il eût possédé lui-même [1].

87. C'est au moment de la perception des produits que la bonne foi doit exister, et il n'est pas nécessaire qu'elle dure jusqu'à leur consommation. On n'admettait pas, dans notre ancien droit, et l'on n'admet pas mieux, sous le Code, le principe de la loi 22 *cod. de rei vindic.* qui décidait le contraire.

88. Du moment où les vices de la possession sont connus du possesseur de la chose d'autrui, il cesse d'être de bonne foi (art. 550), et par conséquent il ne fait plus les fruits siens. D'après l'ancienne jurisprudence, il fallait une demande en justice pour mettre un terme à la bonne foi. Mais, d'après les principes du droit romain qui doivent encore être suivis aujourd'hui, il suffit que le possesseur ait connaissance des vices de sa possession, quelle que soit la circonstance qui la lui procure. Ce n'est donc plus qu'une question purement de fait, que les tribunaux décident souverainement, d'après les circonstances.

89. Sur le mode de restitution des fruits, il faut voir l'article 129 du code de procédure.

---

(1) Vinnius, § 35, Inst. *de rer. div.* — Toullier, tom. 5, n. 110. — M. Duranton, t. 4, n° 560.

CHAPITRE II.

*Du droit d'accession sur ce qui s'unit et s'incor-
pore à la chose.*

SOMMAIRE.

90. *L'accession est immobilière ou mobilière.*

90. Le principe fondamental , en matière d'accession , suivant lequel l'accessoire suit le sort du
principal , est formulé par la disposition du Code
portant que tout ce qui s'unit et s'incorpore à la
chose appartient au propriétaire (art. 551).

L'accession peut profiter tantôt au propriétaire de
choses immobilières, tantôt au propriétaire de choses mobilières. Notre chapitre a distingué les deux
cas et règle chacun d'eux , dans les deux sections
qui le composent.

SECTION PREMIÈRE.

Du droit d'accession relativement aux choses immobilières.

SOMMAIRE.

91. *Diverses espèces d'accession immobilière.*
92. *Principe général. Sa conséquence en ce qui concerne
les constructions et plantations.*
93. *En ce qui concerne les ouvrages au-dessous du sol.*

4

91. Ce droit, considéré par rapport aux choses immobilières s'applique, d'après les dispositions du

Code, 1º aux constructions et plantations ; 2º aux alluvions, attérissemens et autres conséquences de l'effet des eaux, en ce qui concerne les propriétés foncières ; 3º à certains animaux réputés accessoires de certains immeubles. Ces diverses hypothèses vont être successivement examinées.

92. Le principe général est que la propriété du sol emporte la propriété du dessus et du dessous (art. 552). *Cujus est solum, ejus est usque ad cælum.*

Le Code applique d'abord ce principe aux constructions et plantations que tout propriétaire peut faire sur son fonds, comme il juge à propos, sauf les exceptions établies au titre des servitudes ou services fonciers (*id.*), qui modifient la propriété des diverses manières qui seront expliquées avec ce titre.

93. La loi ajoute (*id.*) que le propriétaire peut faire au-dessous du sol toutes les constructions et fouilles qu'il juge à propos et tirer de ces fouilles tous les produits qu'elles peuvent fournir, sauf les modifications résultant des lois et réglemens relatifs aux mines [1], et des lois et réglemens de police.

94. Ce droit peut aussi être modifié par la convention ou par la prescription, comme dans le cas où

---

(1) Loi du 21 avril 1810, déjà citée.

un autre que le propriétaire du sol aurait acquis ,
par l'un de ces moyens , la propriété d'un souterrain
creusé au-dessous, ou de toute autre partie du bâtiment. Ces exceptions sont consacrées par le Code
(art. 553) en même-temps qu'il établit comme une
conséquence du principe posé dans l'article 552 , la
présomption que toutes constructions, plantations
et ouvrages sur un terrain ou dans l'intérieur sont
faits par le propriétaire, à ses frais et lui appartiennent, si le contraire n'est prouvé.

95. Observons que cette présomption ne peut être
invoquée que par le propriétaire et non pas par le
possesseur de la chose d'autrui, comme un locataire,
un fermier qu'on ne doit pas supposer, sans preuves,
avoir fait des dépenses sur un sol qui ne leur appartient pas.

96. La présomption dont il s'agit est d'ailleurs du
nombre de celles qui , quoique établies par la loi ,
peuvent être détruites par la preuve contraire , ce
que dit expressément le Code et dont il donne aus-
sitôt des exemples.

97. Ainsi, le propriétaire du sol qui a fait des
constructions, plantations et ouvrages avec des matériaux qui ne lui appartenaient pas, doit en payer
la valeur (art. 554). Car il est devenu, par ce seul
fait, propriétaire de ces matériaux et il n'est pas juste
qu'il s'enrichisse aux dépens d'autrui. Il importe peu ,

au surplus, qu'il ait employé ces matériaux sachant qu'ils appartenaient à autrui, ou dans l'idée qu'ils étaient sa propriété. La loi ne fait pas de distinction à cet égard. Seulement, cette circonstance peut être prise en considération pour la fixation des dommages et intérêts qui peuvent, en certains cas, être accordés au propriétaire des matériaux (*id.*). Leur valeur et ces dommages et intérêts suffisent pour lui donner satisfaction. Par exception aux principes de la propriété, il n'a pas le droit de reprendre ses matériaux (*id.*), disposition empruntée de la loi des douze tables, dont le motif fut d'empêcher, dans des vues d'intérêt public, des démolitions qui auraient nui à l'aspect des villes.

98. L'article 554 parle de constructions, plantations et ouvrages faits chez soi avec les matériaux d'autrui. Cette expression *matériaux* s'applique donc aux plantes comme aux matières employées pour les constructions. Il s'ensuit qu'on ne doit plus admettre aujourd'hui la distinction que faisait le droit romain entre les plantes qui avaient poussé des racines et celles qui n'en avaient pas poussé, dont le résultat était que les premières seulement ne pouvaient pas être enlevées du sol par celui auquel elles avaient appartenu. Cette distinction, qu'un auteur recommandable [1] a cru pouvoir reproduire, est repoussée

(1) Toullier, tome 3, n° 127.

par notre texte et combattue par d'autres auteurs [1]. Ils s'accordent tous néanmoins, et cette opinion me paraît conforme à l'équité, à reconnaître que s'il s'agissait de plantes rares et précieuses auxquelles on peut attacher un prix d'affection, elles devraient être restituées à leur propriétaire.

99. Mais que faudrait-il décider d'un ouvrage d'art tel qu'une colonne, une statue qui auraient été employées dans une construction chez autrui ? Je pense, d'après le motif d'équité et de raison qui vient d'être exposé, que s'il s'agissait d'un ouvrage précieux qu'il fût impossible de remplacer, le propriétaire aurait le droit de le reprendre, lors même qu'il aurait été incorporé à la construction, lors même qu'elle devrait être compromise ou même détruite. Mais il en serait autrement, dans ce cas, si l'ouvrage d'art était susceptible de remplacement, et l'article 554 recevrait son application. Cependant le propriétaire de la colonne ou de la statue pourrait toujours la reprendre, quelle que fût sa valeur, si elle avait été placée dans une niche ou sur un piédestal. Elle n'aurait pas été alors employée dans la construction [2].

---

(1) MM. Delvincourt, tome 2, page 15, notes. — Duranton, tome 4, n. 374.

(2) Maleville, sur l'art. 554. — Toullier, tome 3, n. 126, M. Duranton, tome 4, n. 374, à la note.

100. Après avoir réglé le cas de constructions ou plantations faites chez soi avec les matériaux d'autrui, le Code règle l'hypothèse contraire, celle de plantations, constructions et ouvrages faits de bonne ou de mauvaise foi, avec ses matériaux, sur le sol d'autrui. L'option de retenir ces matériaux ou d'obliger le tiers à les enlever est accordée au propriétaire du fonds (art. 555), lorsque l'auteur des plantations ou constructions a été de mauvaise foi, c'est-à-dire a su qu'il construisait ou plantait chez autrui.

Dans le cas où le propriétaire du fonds demande la suppression des plantations et constructions ainsi faites, elle est aux frais de leur auteur, sans aucune indemnité. Il peut même être condamné à des dommages et intérêts, s'il y a lieu, pour le préjudice que peut avoir éprouvé le propriétaire du fonds (*id.*). Sa mauvaise foi ne le rend digne d'aucun intérêt, et il a volontairement couru les chances qu'il subit.

101. Si le propriétaire du fonds opte, toujours dans le même cas, pour la conservation des plantations ou constructions, il doit le remboursement de la valeur des matériaux et du prix de la main d'œuvre, sans égard à la plus ou moins grande augmentation de valeur que le fonds a pu recevoir (*id*).

102. D'après les principes du droit romain, celui qui avait construit ou planté de mauvaise foi n'avait droit, lorsque le propriétaire optait pour la conservation des ouvrages, qu'à la plus value réelle de l'immeuble; et une disposition semblable aurait été plus conforme à l'équité, si l'on considère surtout que celui qui a construit ou planté de bonne foi peut, comme nous allons le voir, ne pas obtenir d'autre indemnité [1].

103. Voici maintenant quels sont les droits de celui qui, étant de bonne foi, se réputant propriétaire d'un fonds qui ne lui appartenait pourtant pas, en est évincé, après y avoir fait des constructions, plantations ou ouvrages.

Le propriétaire ne peut pas en demander la suppression. Mais il a le choix ou de rembourser la valeur des matériaux et du prix de la main d'œuvre, ou de rembourser une somme égale à celle dont le fonds a augmenté de valeur (*id.*). Il eût peut-être été à désirer, ainsi que je viens de le dire, que cette dernière disposition eût été applicable à celui qui a construit ou planté de mauvaise foi.

104. On a conclu avec raison de ce que l'article 555 n'accorde l'indemnité qu'il mentionne qu'au tiers évincé qui a gagné les fruits, par l'effet de sa bonne foi, qu'il faut, pour pouvoir l'invoquer, avoir possédé à titre de propriétaire. Ainsi, l'usufruitier qui ne possède pas à ce titre, n'aurait pas le même avantage. L'article 599 lui refuse formellement le droit

---

(1) M. Duranton, t. 4, n° 578.

de réclamer aucune indemnité pour les améliorations par lui faites, encore que la valeur de la chose en fût augmentée. Il a même été jugé par la cour de cassation, le 23 mars 1825 [1], que l'usufruitier qui a fait des constructions ne peut pas emporter ses matériaux et rétablir les choses dans leur premier état. Mais cette décision qui n'a pas obtenu l'assentiment des jurisconsultes, paraît contraire à l'équité et ne repose sur aucune loi formelle. Pour la justifier équitablement, on est obligé de supposer que l'usufruitier n'a voulu que gratifier le propriétaire, *donasse videtur*. Mais une telle supposition doit être démentie, le plus souvent, par les faits.

105. Ce que je viens de dire de l'usufruitier s'applique également, et par les mêmes raisons, au fermier [1].

106. Il paraît sans difficulté qu'on doit suivre aujourd'hui la disposition de l'ordonnance de 1667, tit. 27, art. 9, suivant laquelle *celui qui était condamné de laisser la possession d'un héritage, en lui remboursant quelques sommes, espèces, impenses, améliorations, ne pouvait être contraint de quitter l'héritage qu'après avoir été remboursé.*

---

(1) Sirey, 1825, 1-414.

(1) Toullier, tome 5, n° 129, 130. — M. Duranton, tome 4, n. 379, 380, 381.

Une disposition semblable se trouve, pour des cas analogues, dans les articles 867 et 1948 [1].

107. Les principes du Code, en ce qui concerne les constructions, plantations et ouvrages, sont, à peu de chose près, empruntés du droit romain. Il en est de même de ceux qui régissent une autre espèce d'accession immobilière dont je vais m'occuper, celle qui est le résultat de l'action des eaux.

Elle peut avoir lieu de trois manières différentes, savoir, par des accroissemens imperceptibles, par le transport violent d'une portion de terrain d'un lieu à un autre, et par la formation d'une île ou îlot dans les fleuves et rivières.

108. Les accroissemens imperceptibles sont appelés *alluvion.* Ils peuvent se former dans des hypothèses diverses.

Ce nom est d'abord donné aux atterrissemens et accroissemens qui se forment successivement et imperceptiblement aux fonds riverains d'un fleuve ou d'une rivière. Ils profitent au propriétaire riverain, soit qu'il s'agisse d'un fleuve ou d'une rivière navigable, flottable ou non (art. 556).

Un fleuve est navigable lorsqu'il peut porter des bâteaux, et flottable lorsqu'il peut porter seulement des trains de bois.

---

(1) Toullier, tome 5, n° 130. — M. Duranton, tome 4, n° 583.

Il faut donc, pour que l'alluvion ait lieu, que l'accroissement se forme successivement et imperceptiblement; ce sont là ses deux caractères essentiels. *Per alluvionem id videtur adjici quod ità paulatim adjicitur, ut intelligere non possumus quantum, quoque momento temporis, adjiciatur l. 7, ff.; de acq. rer. dom.* Si cette alluvion n'était pas un moyen d'acquérir pour le propriétaire de la rive favorisée par le mouvement des eaux, si celui de la rive opposée pouvait venir réclamer, il y aurait des difficultés presque toujours insurmontables pour bien fixer les droits de chacun des deux.

109. Cependant la propriété qu'elle procure est modifiée dans un intérêt public, dans celui de la navigation. Le propriétaire riverain doit souffrir l'existence du marche-pied ou chemin de halage, conformément aux réglemens (*id.*). On désigne sous ce nom le terrain laissé libre sur le bord des rivières et canaux pour le passage des hommes ou des animaux qui tirent, helent les bâteaux.

D'après les réglemens, ce chemin de halage doit avoir vingt-quatre pieds de largeur. On peut se clore, à une distance de trente pieds de la rive, du côté où passent les bâteaux, et à dix pieds de l'autre côté.

110. Ce chemin constitue une servitude d'utilité publique (art. 650); et le terrain qui lui est consacré reste la propriété de celui qui l'a fourni. Il s'ensuit que si des atterrissemens viennent s'adjoindre, par l'effet des eaux, au chemin de halage, ils appartiennent à ce propriétaire.

111. Mais à qui appartient l'alluvion qui se forme à un chemin public immédiatement contigu à un fleuve ou rivière ? Doit-elle être considérée comme l'accessoire du chemin ou du fonds dont le chemin la sépare ?

Il résulte du § 4, *Inst. de acq. rer. dom.*, et de la loi 38 *ff. eod. tit.*, que le propriétaire de ce fonds le devient de l'alluvion, quoiqu'il y ait un chemin public intermédiaire. Le Code n'a rien changé à ces principes dont l'application a été faite notamment par la cour de Toulouse le 9 janvier 1829 [1].

112. L'alluvion peut être l'objet non-seulement d'atterrissemens, ainsi que nous venons de le voir, mais encore de *relais*, c'est-à-dire, de ces portions de terrain que découvre l'eau courante en se retirant insensiblement de l'une de ses rives et se portant vers l'autre. Le propriétaire de la rive découverte profite de cette alluvion, sans que le riverain du côté opposé puisse venir réclamer le terrain qu'il a perdu (art. 557). Le même article dispose que l'alluvion n'a pas lieu à l'égard des relais de la mer. Mais c'est là manifestement une erreur de rédaction. Car la loi ne veut dire autre chose sinon que les

---

(1) Sirey, 1829, 2-190.

propriétés privées contigues à la mer ne profitent pas
de l'alluvion, par une conséquence de la loi qui attribue à l'état la propriété du rivage de la mer (art.
538). L'état profitant ainsi de ces relais, le droit
d'alluvion a lieu en sa faveur.

113. L'alluvion ne peut avoir lieu que par l'effet
des eaux courantes. Leur mouvement rend la
chance à-peu-près égale entre les propriétaires des
deux rives opposées, et celui qui perd de son terrain dans une circonstance peut le recouvrer, et même
au-delà, dans une autre. Voilà pourquoi ce droit
n'a pas lieu à l'égard des lacs et étangs dont les limites sont certaines. Leur propriétaire conserve toujours le terrain que l'eau couvre quand elle est à la
hauteur de la décharge de l'étang, encore que le
volume de l'eau vienne à diminuer; et réciproquement, le propriétaire de l'étang n'acquiert aucun
droit sur les terres riveraines que son eau vient à
couvrir dans des crues extraordinaires (art. 558).
    La même disposition de loi est applicable aux tor-
rens, aux canaux creusés de main d'homme, aux
conduits d'arrivage ou de fuite des moulins. La raison de décider est la même pour tous ces cas.

114. Les eaux peuvent produire une seconde accession immobilière dans le cas où une partie considérable et reconnaissable d'un champ riverain est enlevée par la force subite d'un fleuve ou rivière navigable
ou non, et portée vers un champ inférieur, ou sur

la rive opposée. Cette partie n'est pas, par son seul déplacement, perdue pour le propriétaire du champ. Il peut réclamer sa propriété ; mais il doit le faire dans l'année, délai fort court, qui a été ainsi fixé pour prévenir la confusion qu'un plus long délai pourrait établir entre les deux fonds. L'année passée sans réclamation, le propriétaire primitif n'est plus recevable à réclamer la partie de son champ, à moins que le propriétaire du champ, auquel la partie enlevée a été unie, n'ait pas encore pris possession de celle-ci (art. 559). Ce dernier ne peut pas en effet invoquer, dans ce cas, la prescription d'une année. Car, pour prescrire, il faut posséder.

115. Dans le droit romain, ce moyen d'acquérir, appelé *vis fluminis*, était différemment réglé. La portion de champ enlevée ne devenait la propriété du voisin qu'après un long temps, et lorsque les arbres qui s'y trouvaient plantés avaient poussé des racines [1]. Notre loi est plus conforme à la raison et aux intérêts de l'agriculture qui ont à souffrir d'une trop longue incertitude dans la propriété.

116. Il est sans difficulté que l'article 559, quoi-qu'il ne parle que d'une partie d'un champ enlevée par la force subite des eaux, s'applique à l'enlève-ment d'un champ entier. Comme aussi, que si la

---

(1) Inst., *de rer. div.* § 21.

partie enlevée n'est pas considérable et reconnaissable, elle appartient au propriétaire du fonds auquel elle a été réunie.

117. L'article cité règle le cas où le terrain enlevé vient adhérer latéralement à une autre propriété, où il y a *juxtà-position*. Mais le droit ne serait plus le même si ce terrain, étant jeté sur celui du voisin, il y avait *super-position*. Dans ce cas, le terrain apporté appartiendrait à ce voisin auquel l'accroissement ne saurait être préjudiciable et qui perdrait sa propriété, au lieu de profiter, si la question pouvait être différemment résolue [1]. Cependant le propriétaire du terrain déplacé aurait incontestablement le droit de l'enlever sans nuire toutefois au fonds du voisin.

118. La troisième et dernière espèce d'accession immobilière occasionnée par le mouvement des eaux est la formation des îles, îlots et atterrissemens dans le lit des fleuves et rivières.

119. Si cette formation a lieu dans le lit d'un fleuve ou rivière navigable ou flottable, l'île appartient à l'état, s'il n'y a titre ou prescription contraire (art. 560). Elle n'est, dans ce cas, que l'accessoire du lit qui, comme nous l'avons déjà vu (n° 45),

---

(1) **M.** Duranton, t. 4, n° 417.

constitue une dépendance du domaine public ; tandis que l'alluvion est propriété privée parce qu'elle vient s'adjoindre aux rives qui appartiennent aux riverains et non pas à l'état.

120. On doit conclure d'un avis du conseil d'état du 21 février 1822, que si la rivière dans laquelle l'île s'est formée est flottable seulement à buches perdues et non sur trains ou radeaux, cette île n'appartient pas à l'état, et qu'elle est réglée par la disposition suivante [1].

121. Si les accroissemens dont il s'agit se manifestent dans des rivières non navigables et non flottables, ils appartiennent au propriétaire riverain du côté où l'île se forme. Si elle n'est pas formée d'un seul côté, elle appartient aux propriétaires riverains des deux côtés, à partir de la ligne qu'on suppose tracée au milieu de la rivière (art. 561).

122. Ce mode d'accession désigné, dans le droit romain, sous le nom d'*insula in flumine nata,* était, sous l'empire de ce droit, régi par d'autres principes. L'île, quelle que fût la nature du fleuve dans lequel elle s'était formée, appartenait aux propriétaires riverains [2]. Mais ces principes étaient incon-

---

(1) M. Duranton, tom. 4, nᵒ 419.

(2) Inst. *de rer. divis.* § 22.

ciliables, dans notre législation, avec ceux qui font du lit des fleuves navigables ou flottables, une propriété de l'état.

123. Lorsque plusieurs propriétés se trouvent sur la même rive en face de l'île qui s'est formée, cette île, conformément à la loi romaine, doit appartenir à chacun des propriétaires, dans la proportion de la largeur de son fonds. Et si, plus tard, quelqu'une de ces portions reçoit un accroissement, il appartient, quelle que soit sa direction, au propriétaire de cette portion, par une conséquence des principes ordinaires de l'alluvion [1].

124. Il s'agit, dans les numéros précédens, d'une île de création nouvelle et qui s'est formée aux dépens du fleuve. Mais les principes ne sont plus les mêmes si une rivière, ou un fleuve, en se formant un bras nouveau, coupe et embrasse le champ d'un propriétaire riverain et en fait une île. Ce propriétaire conserve la propriété de son champ, malgré cette transformation, lors même qu'elle aurait eu lieu dans un fleuve ou rivière navigable ou flottable (art. 562). Il n'a pas même besoin de manifester son droit de propriété par des actes ou dans un délai quelconques. Car il n'acquiert pas; il conserve, et il n'y a pas eu

---

(1) L. 5, 6 et 65, § 3. ff. *de acq. rer. dom.*

d'accession qui puisse produire, contre lui, les conséquences ordinaires de ce moyen d'acquérir.

125. Il est encore un moyen d'acquérir résultant de l'action des eaux qui ne constitue pas une accession et qui a été équitablement réglé par le Code. C'est dans le cas où un fleuve ou rivière, navigable, flottable ou non, abandonne son ancien lit et se forme un nouveau cours. Les propriétaires des fonds nouvellement occupés prennent, à titre d'indemnité, l'ancien lit abandonné, chacun dans la proportion du terrain qui lui a été enlevé (art. 563).

Le droit romain avait, pour ce cas appelé *alvei mutatio*, des principes plus rigoureux. Le lit abandonné appartenait toujours aux riverains, sans indemnité pour celui dont le fonds était nouvellement occupé [1].

126. Une inondation ne produit pas et ne produisait pas, d'après ces principes [2], des effets contraires au droit de propriété. Le champ inondé ne change pas de forme et ne cesse pas d'appartenir à son propriétaire.

127. Quelquefois la propriété de certains animaux est la conséquence, par droit d'accession, de

---

[1] Inst. *de rer. div.* § 23.

[2] Inst. *de rer. div.* § 24.

celle de certains immeubles. Ainsi, les pigeons, lapins, poissons sont réputés l'accessoire du colombier, de la garenne ou de l'étang qu'ils habitent. S'ils changent de demeure, ils changent de maître pourvu qu'ils n'aient pas été attirés par fraude et artifice au nouveau lieu où ils se sont établis (art. 564). S'il y a eu fraude dans leur déplacement, leur premier propriétaire peut les revendiquer. L'article cité est trop formel pour qu'on puisse admettre une opinion qui a été émise [1] suivant laquelle, le nouveau possesseur peut conserver ces animaux attirés frauduleusement chez lui, moyennant des dommages-intérêts. Il ne devrait en être ainsi que dans le cas où il serait impossible qu'ils fussent restitués au premier propriétaire.

La première règle est applicable aux cerfs, lièvres et autres animaux qui sont renfermés dans des parcs, et qui y jouissent de leur liberté naturelle quoique restreinte.

SECTION II.

Du droit d'accession relativement aux choses mobilières.

SOMMAIRE.

128. *Principe général en cette matière. Explication de l'article 565.*

---

[1] M. Duranton, tome 4, n° 428.

128. Les règles de cette section sont à peu près empruntées aux institutes de Justinien.

Le Code consacre d'abord le principe que le droit d'accession, quand il a pour objet deux choses mobilières appartenant à deux maîtres différens, est réglé par l'équité naturelle (art. 565); puis il ajoute que les articles 566 et suivans serviront d'exemple

au juge pour se déterminer, dans les cas non prévus, suivant les circonstances particulières (*id.*).

Il s'ensuit que, dans tous les cas qui ne seront
pas spécialement réglés par la loi, le juge ne devra
suivre que les inspirations de sa conscience, en ratta-
chant, autant que possible, sa décision à celles que
donne la loi, dans les hypothèses prévues par elle.
Mais son devoir sera de se conformer aux prescriptions littérales de la loi, en cette matière, quand
bien même elles ne lui paraîtraient pas conformes
à l'équité.

129. L'accession des choses mobilières, qui est
une accession purement artificielle, peut avoir lieu
dans trois circonstances différentes qui peuvent constituer ce que les anciens docteurs appelaient *l'adjonction*, *la spécification*, *la commixtion* ou le
mélange. Je les examinerai successivement.

130. Il y a *adjonction* lorsque deux choses appartenant à différens maîtres, qui ont été unies de
manière à former un tout, sont néanmoins séparables, en sorte que l'une puisse subsister sans l'autre.

Le tout appartient au maître de la partie principale, à la charge de payer à l'autre la valeur de la
chose qui a été unie (art. 566).

Est réputée partie principale celle à laquelle l'autre n'a été unie que pour l'usage, l'ornement ou le
complément de la première (art. 567).

Néanmoins, quand la chose unie est beaucoup

plus précieuse que là chose principale, et quand elle a été employée à l'insu du propriétaire, celui-ci peut demander que la chose unie soit séparée pour lui être rendue, même quand il pourrait en résulter quelque dégradation de la chose à laquelle elle a été jointe (art. 568).

Enfin, si de deux choses unies pour former un seul tout, l'une ne peut point être regardée comme l'accessoire de l'autre, celle là est réputée principale qui est la plus considérable en valeur, ou en volume, si les valeurs sont à peu près égales (art. 569).

Toutes ces dispositions de loi qui régissent *l'adjonction* sont l'application de la règle fondamentale, en fait d'accession, que l'accessoire suit le sort du principal.

Les textes précités ne sont guère susceptibles de difficultés, surtout si on les rapproche des lois romaines qui présentent des exemples qu'il est inutile de reproduire ici, et que chacun peut suppléer sans peine, à cause de la clarté de la loi qui semble poser des espèces plus encore que des principes.

131. On a remarqué avec raison [1] une locution inexacte dans l'article 566. C'est l'expression *néanmoins* qui précéde le mot *séparables*, de laquelle on pourrait induire que l'article ne s'applique pas au

---

(1) M Duranton, tome 4, nᵒ 435.

cas où les choses réunies seraient inséparables. Ce
n'est pourtant pas ce que la loi a voulu dire; son
véritable sens est que la séparabilité n'empêche pas
l'application de l'article.

132. L'article 568 n'autorise, comme on l'a vu, le
propriétaire de la chose unie, à la réclamer en nature
que lorsqu'elle est beaucoup plus précieuse que la
chose principale et quand elle a été employée à l'insu
du propriétaire. C'est l'ancienne action *ad exhiben-
dum* du droit romain dont l'application est restreinte
à ce cas. Sans le concours de ces deux circonstances,
le propriétaire de la chose unie ne peut qu'en réclamer la valeur.

133. Enfin, dans le cas de l'article 569, si les
deux choses unies étaient égales en valeur et en
volume, aucun des propriétaires n'aurait aucune
préférence sur l'autre, et il y aurait communauté
entre eux.

134. Voici maintenant les règles de la *spécification* :

Si un artisan ou une personne quelconque a
employé une matière qui ne lui appartenait pas à
former une chose d'une nouvelle espèce (c'est-à-dire
une chose qui n'existait pas, quoiqu'il en existât de
la même espèce), soit que la matière puisse ou non
reprendre sa première forme, celui qui en était le
propriétaire a le droit de réclamer la chose qui en a

été formée, en remboursant le prix de la main d'œuvre (art. 570).

Il s'agit, dans cette décision, de l'accession de la forme ou du travail à la matière. Elle s'applique généralement aux cas où la main d'œuvre à moins de valeur que la matière, à ceux par exemple où un ouvrier confectionne un meuble commun avec le bois qui ne lui appartenait pas. Dans ce cas, la spécification n'est pas un moyen d'acquérir la chose, mais de la conserver avec l'accessoire qui s'y trouve uni.

135. Si cependant la main-d'œuvre était tellement importante qu'elle surpassât de beaucoup la valeur de la matière employée, l'industrie serait alors réputée la partie principale, et l'ouvrier aurait le droit de retenir la chose travaillée, en remboursant le prix de la matière au propriétaire (art. 571).

Dans le cas de cet article, la forme l'emporte sur la matière, comme, par exemple, lorsqu'un statuaire a fait une statue avec un marbre qui ne lui appartenait pas.

136. Lorsqu'une personne a employé en partie la matière qui lui appartenait, et en partie celle qui ne lui appartenait pas, à former une chose d'une espèce nouvelle, sans que ni l'une ni l'autre des deux matières soit entièrement détruite, mais de manière qu'elles ne puissent pas se séparer sans inconvénient, la chose est commune aux deux propriétaires, en raison, quant à l'un, de la matière qui lui appartenaît, quant à l'autre, en raison à la fois, et de la matière que lui appartenait, et du prix de sa main-d'œuvre (art. 572).

Il est incontestable qu'en combinant cette disposition avec celle de l'article précédent, il faut reconnaître que si dans le cas qu'elle prévoit, l'industrie est la partie principale, la chose appartiendra à l'ouvrier, à la charge par lui de rembourser le prix de la matière qui ne lui appartenait pas.

137. Tels sont les principes du Code sur la spécification. Ils ont heureusement modifié, d'une manière plus conforme à la raison et à l'équité, ceux de la législation romaine. On sait qu'avant Justinien les jurisconsultes Sabiniens accordaient, dans tous les cas, la préférence à la matière, et que les Proculéïens l'attribuaient à la forme. On sait aussi que Justinien voulut que la matière l'emportât toutes les fois que la chose pouvait être ramenée à sa première forme, et que dans le cas contraire, la forme l'emportât sur la matière. Ces décisions, trop absolues, ne s'accordaient pas toujours avec la justice.

138. La *commixtion* a lieu lorsqu'une chose a été formée par le mélange de plusieurs matières appartenant à différens propriétaires. Si aucune de ces matières ne peut être regardée comme la matière principale, et si les matières peuvent être séparées, celui à l'insu duquel les matières ont été mélangées peut en demander la division (art. 573). Ainsi, ce droit est accordé, par exemple, au propriétaire d'un troupeau qui, à son insu, et par l'effet de la volonté d'un voisin aura été confondu avec le troupeau de ce dernier. Mais il doit être refusé à celui qui, sciemment, a mêlé sa chose avec la chose d'autrui. Si la réunion a eu lieu sans la volonté d'aucun des propriétaires, la division peut être demandée par chacun d'eux.

159. Si les matières mêlées ne peuvent plus être séparées sans inconvénient, les différens propriétaires en ont en commun la propriété, dans la proportion de la quantité, de la qualité et de la valeur des matières appartenant à chacun d'eux (*id.*). Ceci s'applique à la réunion de grains, de liquides ou de métaux fondus appartenant à divers.

140. Si la matière appartenant à l'un des propriétaires était de beaucoup supérieure à l'autre par la quantité et le prix, en ce cas le propriétaire de la matière supérieure en valeur pourrait réclamer la chose provenue du mélange, en remboursant à l'autre la valeur de sa matière (art. 574). Cet article s'applique littéralement au cas, par exemple, où une quantité considérable d'or aura été confondue avec une moindre quantité d'argent. Mais quoique ses termes exigent, pour que le propriétaire de la partie supérieure soit autorisé à réclamer, que sa chose soit supérieure *par la quantité et par le prix*, il doit résulter de l'ensemble des dispositions de notre chapitre et d'un principe d'équité, qu'il est des circonstances où une seule de ces conditions autoriserait la réclamation.

141. Dans tous les cas où la chose reste commune aux différens propriétaires, ils peuvent régler leurs droits sur elle comme bon leur semble. Mais, s'ils ne s'accordent pas pour cela, la chose commune doit être licitée au profit commun, c'est-à-dire adjugée à celui d'entre eux ou à l'étranger qui en offrira le plus (art. 1686-1687).

142. Le complément des règles ci-dessus se trouve dans les dispositions qui terminent notre titre. Dans tous les cas où le propriétaire, dont la matière a été employée à son insu à former une chose d'une autre espèce, peut réclamer la propriété de cette chose, il a le choix de demander la restitution de sa matière en même nature, quantité, poids, mesure et bonté, ou sa valeur (art. 576). Il peut même obtenir en outre des dommages et intérêts, s'il y a lieu. Celui qui a employé la matière d'autrui peut être poursuivi par voie extraordinaire, s'il y échet, c'est-à-dire devant les tribunaux criminels ou correctionnels, s'il y a crime ou délit de sa part. (art. 577).

TITRE III.

De l'usufruit, de l'usage et de l'habitation.

SOMMAIRE.

143. *Transition.*
144. *Division des servitudes dans le droit romain.*
145. *Quoique les mots* servitudes personnelles *ne soient pas dans le Code, il reconnaît des servitudes qui ne sont pas purement réelles.*
146. *Ce sont l'usufruit, l'usage et l'habitation.*

143. Dans les deux titres précédens, le Code a réglé la division des biens, la propriété, ses caractères et quelques-uns de ses effets. Il était naturel qu'il fît connaître ensuite les modifications qu'est susceptible de subir la propriété. Elles peuvent résulter de l'usufruit, de l'usage et de l'habitation, objets de notre titre, et des servitudes ou services fonciers, objets du titre suivant.

144. Les servitudes chez les Romains étaient réelles ou personnelles. Les premières étaient imposées à un fonds en faveur d'un autre fonds. Les secondes étaient établies sur un fonds en faveur d'une personne. De ce nombre étaient l'usufruit, l'usage et l'habitation.

145. Les rédacteurs du Code qui faisaient des

lois pour un peuple libre, et qui craignaient de réveiller les anciennes idées de féodalité, ont évité de se servir du mot de *servitudes personnelles*. Ils ont même porté la susceptibilité jusqu'à tâcher d'atténuer l'effet de l'intitulé du titre suivant *des servitudes* en ajoutant *ou services fonciers*, comme pour prévenir toute équivoque.

Malgré ces précautions qui n'attestent que l'influence qu'exerçait, même sur les meilleurs esprits, l'époque où le Code fut rédigé, il est certain qu'il existe encore, dans notre législation, des servitudes autres que les servitudes réelles ou services fonciers.

Ce n'est pas qu'il existe aujourd'hui des servitudes purement personnelles, dans la rigoureuse acception de ces mots, c'est-à-dire, dues par la personne à la personne. Ce serait l'esclavage que nos lois et nos mœurs s'accordent à repousser.

146. Mais il est encore des servitudes dues par la chose à la personne, et qui seraient plus convenablement désignées sous le nom de *servitudes mixtes* [1], telles que l'usufruit, l'usage et l'habitation qu'on est cependant dans l'habitude de qualifier de servitudes personnelles. Elles sont sujettes à la plupart des principes généraux que nous trouverons exposés dans le titre suivant qui traite des servitudes purement réelles, et dont l'examen sera mieux placé là qu'il ne le serait ici.

---

[1] Toullier, tome 3, n° 383.

CHAPITRE PREMIER.

De l'Usufruit.

SOMMAIRE.

147. L'usufruit est défini par le Code : *Le droit de jouir des choses dont un autre a la propriété,* *comme le propriétaire lui-même , mais à la charge d'en conserver la substance* (art. 578). Ce n'est que la traduction de la définition qu'en donnait la loi romaine : *Ususfructus est jus alienis rebus utendi-fruendi, salvâ rerum substantiâ* (Inst. de usuf.).

Quelque respectable que soit la source où le nouveau législateur l'a puisée , cette définition laisse beaucoup à désirer, comme nous allons le voir , pour une complète exactitude.

D'abord , est-il bien vrai que l'usufruitier ait le droit de jouir comme le propriétaire lui - même ? Mais nous savons que le propriétaire peut user à son gré , même abuser de sa chose, qu'il peut en changer la forme et la détruire ; et tel n'est pas le droit de l'usufruitier. A la vérité , celui-ci est tenu aux termes de la définition , de conserver la substance de la chose. Mais il pourrait bien conserver cette substance, et cependant dépasser, dans son mode de jouissance , les bornes de son droit. Ainsi , par exemple , l'usufruit peut cesser par suite des dégradations sur le fonds, de la part de l'usufruitier (art. 618) et, pour qu'il en soit ainsi, il n'est pas nécessaire que la substance de la chose soit compromise. La conservation de cette substance n'est pas , sous un autre rapport, la seule obligation de l'usufruitier. Car il ne peut pas changer la forme de la chose, ce qui pourrait avoir lieu sans que la substance en fût détruite , comme si d'une vigne il voulait faire un champ, d'un jardin un pré, et réciproquement.

D'un autre côté, la définition dont il s'agit confond l'usufruit avec le bail, quoiqu'il existe des différences notables entre ces deux modes de jouissance de la chose d'autrui, comme nous le verrons quand nous nous occuperons du bail.

Ces observations prouvent donc la difficulté si souvent signalée des bonnes définitions.

Cependant, tout imparfaite qu'elle est, la définition de l'usufruit fait connaître le caractère essentiel de ce droit qui modifie la propriété. On peut se rappeler à cet égard la distinction déjà faite (n° 71) entre la propriété *pleine* et *entière* et la propriété *nue.*

148. L'usufruit peut être établi par la loi ou par la volonté de l'homme (art. 579). Il peut donc être légal ou conventionnel.

149. Il est établi par la loi : 1° aux termes de l'article 384 qui, ainsi que nous l'avons vu (t. 1, n° 499 et suiv.) attribue, dans le cas qu'il règle, la jouissance des biens des enfans, à leur père ou mère; 2° aux termes de l'article 754 qui veut que, dans le cas de l'article 753, le survivant des père ou mère ait l'usufruit du tiers des biens auxquels il ne succède pas en propriété.

150. N'étant qu'un démembrement de la propriété, l'usufruit conventionnel ne peut être établi

6

que par le propriétaire; il faut d'ailleurs qu'il ait la capacité d'aliéner.

151. Il peut l'être en faveur de toute personne capable de recevoir, et en faveur des établissemens publics, sauf, en ce dernier cas, la limitation de sa durée (art. 619).

152. Il peut l'être par toute espèce d'actes sous seing privé ou authentiques, à titre gratuit, comme par une donation, ou à titre onéreux, comme par une vente, un acte de prêt; par actes entre vifs ou de dernière volonté, et même verbalement, sauf à le prouver, conformément aux principes qui régissent la preuve testimoniale.

153. Suivant le droit romain [1] l'usufruit pouvait être établi par jugement dans les partages, c'est-à-dire que, dans le partage d'un fonds, la nue-propriété pouvait être attribuée à l'un et l'usufruit à l'autre. Une telle faculté qui pourrait trop blesser le principe de l'égalité dans les partages, n'est pas donnée aux juges par nos lois [2].

154. On a agité la question de savoir si l'usufruit

---

(1) L. 6, § 1, ff. *de usuf.* — L. 6, ff. *comm. divid.* — L. 16, § 2, ff. *fam. ercis.*

(2) Toullier, tome 3, n° 391. — MM. Proudhon, *de l'usufruit*, n° 304. — Duranton, tome 4, n° 489. — Cà Maleville, sur l'art. 579.

pouvait s'acquérir par la prescription. Je ne comprends pas qu'elle puisse faire l'objet d'un doute. La négative a eu cependant ses partisans [1]. Ils se fondent principalement sur ce que l'usufruit étant essentiellement temporaire, les raisons qui ont fait admettre l'acquisition de la propriété par la prescription qui sont de fixer la propriété, ne sont pas applicables à l'usufruit. Ils invoquent aussi les conséquences de l'article 690 qui permet d'acquérir, par prescription, les servitudes continues et apparentes, tandis qu'aucune disposition du Code ne consacre, pour l'usufruit, la même faculté.

Tous les vrais principes de la matière s'élèvent contre cette doctrine. La prescription est un moyen d'acquérir (art. 2219) applicable à toutes choses que la loi n'en excepte pas. Si l'on objecte que la possession de l'usufruitier est précaire et ne peut pas conséquemment servir de base à la prescription (art. 2236), on répond que cette précarité empêche bien la prescription de la propriété, et que ce n'est pas précairement, mais comme maître et pour son compte, que l'usufruitier possède le droit d'usufruit. Si ce droit a pour objet une chose immobilière, il est rangé par la loi au nombre des immeubles (art. 526). Il est susceptible d'hypothèque (art. 2118). Cette hypothèque peut être purgée comme les autres (art. 2181). En un mot, tout concourt pour que la ques-

---

(1) Thémis, tome 6, p. 352.

tion posée soit affirmativement résolue. Cette opinion est, au surplus, généralement admise [1].

155. L'usufruit peut être établi ou purement, ou à certain jour, ou à condition (art. 580).

Il l'est purement, lorsqu'au moment même de sa constitution, l'usufruitier commence sa jouissance. Dans ce cas, il finit à la mort de l'usufruitier.

Il l'est à certain jour, lorsqu'il ne commence qu'à un jour déterminé, ou qu'il finit à une époque fixe.

Il l'est enfin à condition lorsqu'il est soumis à une condition suspensive ou résolutoire.

La condition suspensive est celle qui subordonne l'exécution d'une convention à un événement futur et incertain, ou actuellement arrivé, mais encore inconnu des parties (art. 1181), comme dans les clauses suivantes : Je donne cet usufruit à un tel si un vaisseau arrive de l'Asie, ou bien si un vaisseau est arrivé de l'Asie.

La condition résolutoire est celle qui, par son accomplissement, opère la révocation de la convention (art. 1183), comme si j'établis un usufruit, sous la condition qu'un vaisseau ne viendra pas de l'Asie. L'usufruit sera ainsi valablement constitué; mais, à l'arrivée du vaisseau, il cessera d'exister.

---

(1) MM. Toullier, tome 3, n° 395. — Proudhon, tome 2, n° 751. — Duranton, tome 4, n° 502. C. Cass. Sirey, 1817, 1-152, etc.

156. L'établissement de l'usufruit est, en outre, susceptible de toutes les modifications qui peuvent être légalement faites , dans les conventions en général. Il peut être constitué en faveur de plusieurs personnes appelées à en jouir l'une après l'autre, ou alternativement, l'une une année , l'autre l'année suivante, et ainsi de suite.

157. Tous les biens meubles ou immeubles peuvent être sujets à l'usufruit (art. 581). Il peut être établi sur les biens incorporels comme sur les corporels, sur une rente viagère (art. 588), sur des meubles qui, sans se consommer, se détériorent peu à peu par l'usage (art. 589), sur les choses dont on ne peut faire usage sans les consommer (art. 587).

158. Une chose qui n'existe pas, une simple espérance, comme serait le bénéfice présumé futur d'une spéculation, peut être l'objet de l'usufruit.

159. L'usufruit peut être établi sur un droit d'usufruit même. Ainsi, par exemple, celui qui a l'usufruit d'une maison peut établir en faveur d'un tiers un droit d'usufruit de son propre droit. C'est ce qui résulte incontestablement du principe en vertu duquel l'usufruitier peut céder à autrui l'exercice de son droit. Car l'établissement de ce second usufruit est moins que cette cession, et qui peut le plus, peut le moins. Il y a , en effet, cette différence entre la constitution de cet usufruit et la cession , que cet usufruit, conformément à la règle ordinaire, finit avec l'existence de celui auquel il a été accordé et recommence alors de profiter au premier usufruitier, tandis que s'il y a eu cession, le droit du cessionnaire passe à ses héritiers et ne finit qu'à la mort du cédant auquel il ne peut plus profiter [1].

160. Une servitude peut être constituée en usufruit, aussi bien que d'une manière définitive. Ce n'est pas que j'admette, par dérogation aux principes qui seront exposés dans le titre suivant, que la servitude réelle puisse être établie en faveur de la personne; car elle devra toujours être établie sur un fonds en faveur d'un fonds. Elle différera d'une servitude ordinaire, en ce sens seulement, qu'elle cessera à la mort de celui au fonds duquel elle a été concédée. Mais, en aucun cas, un tel usufruit ne peut être établi en faveur d'une personne qui ne serait pas propriétaire d'un fonds destiné à en profiter [2].

161. La disposition par laquelle un testateur léguait son fonds à une personne et l'usufruit de ce même fonds à une autre, attribuait, suivant la loi romaine, aux deux légataires, un droit à l'usufruit [3]. Mais, depuis long-temps, les meilleurs in-

---

(1) MM. Proudhon, t. 1, n° 333. — Duranton, t. 4, n. 480.
(2) MM. Proudhon, n° 369. — Duranton, tome 4, n. 477.
(3) L. 19, ff. *de usu et usuf. leg.*

terprètes du droit romain s'étaient élevés contre cette décision qui ne doit pas être suivie dans nos principes. L'intention du disposant est assez manifestée par cette manière de s'exprimer : elle a été de séparer l'usufruit de la propriété.

SECTION PREMIÈRE.

Des droits de l'usufruitier.

SOMMAIRE.

162. *Tous les fruits appartiennent à l'usufruitier. Explication de l'article 582.*

163. *Ce qu'on entend par fruits, en général. Ils sont naturels, ou industriels, ou civils.*

164. *Des fruits naturels.*

165. *Des fruits industriels.*

166. *Des fruits civils.*

167. *Changement des anciens principes relativement au prix des baux à ferme.*

168. *Les produits d'un fonds donné à colonne partiaire ne sont pas des fruits civils.*

169. *Comment les fruits naturels et industriels sont acquis à l'usufruitier.*

170. Quid *si la récolte a été coupée avant sa maturité.*

171. Quid *si elle a été vendue et non coupée avant l'ouverture de l'usufruit.*

172. *L'usufruitier ou le propriétaire qui profitent des fruits ne doivent pas de récompense pour les travaux et semences. Motifs de cette dérogation à une règle d'équité.*

190. *En général , l'usufruitier ne peut pas toucher aux arbres futaies non mis en coupes réglées. Exception.*

191. *Le propriétaire ne le peut pas davantage , pendant l'usufruit. Comment cette prohibition doit être entendue.*

192. *A quelle époque doit être payée l'indemnité due par l'usufruitier qui a contrevenu à la prohibition le concernant.*

193. *Faculté accordée à l'usufruitier pour des échalas , et sur les produits annuels ou périodiques des arbres.*

194. 4° Sur les arbres fruitiers.

195. *Droits de l'usufruitier résultant de l'alluvion ou des accroissemens quelconques produits par l'action des eaux.*

196. *Il peut exercer les droits de servitude, de passage et tous autres attribués au propriétaire , tels que la chasse et la pêche.*

197. *De ses droits aux mines et carrières.*

198. *Changement apporté à l'article 598 par la loi du 21 avril 1810.*

199. *L'usufruitier est sans droit aux mines et carrières non ouvertes au commencement de l'usufruit.*

200. *Mais il peut ouvrir une carrière pour fournir à des réparations.*

201. *Ainsi qu'une marnière pour l'usage du fonds.*

202. *L'ouverture postérieure à l'usufruit d'une mine ou carrière peut autoriser l'usufruitier à réclamer une indemnité.*

203. *L'usufruitier peut vendre ou céder l'exercice de son droit.*

162. Tous les fruits que produit la chose sujette à l'usufruit *appartiennent* à l'usufruitier. Les termes de la loi (art. 582) qui déterminent les effets généraux de l'usufruit, ne sont pas assez explicites en ce qu'ils ne donnent à l'usufruitier que le droit de *jouir* des fruits. Car ce mot *jouir* pourrait être équivoque et restreint, dans sa rigoureuse acception, à un usufruit des fruits, ce qui serait manifestement contraire au principe de la loi.

163. En général, on entend par fruits ce qui naît et renaît de la chose *quidquid ex re nasci et* *renasci solet*, ou qu'on perçoit à l'occasion de la chose. Les fruits sont donc naturels, industriels, civils (*id.*).

164. Les fruits naturels sont, comme je l'ai déjà dit, ceux qui sont le produit spontané de la terre (art. 583). Tels sont le bois, le foin qui se reproduisent sans culture.

Le produit, c'est-à-dire la laine, le lait des animaux, ainsi que leur croît, c'est-à-dire leurs petits, sont aussi des fruits naturels (*id.*). Il en est de même des poissons d'un étang, des lapins d'une garenne et du gibier qui se trouve dans une forêt ou sur un domaine, des ruches à miel, des pigeons d'un colombier.

165. Les fruits industriels d'un fonds sont ceux qu'on obtient par la culture (*id.*). Ils sont donc à la fois le produit de la nature et du travail, comme les céréales, les raisins, etc.

La distinction qu'établit la loi entre les fruits naturels et les industriels est sans importance, comme nous le verrons, pour l'application de ses dispositions ; ce qui me dispense d'insister sur les difficultés qu'elle pourrait présenter.

166. Les fruits civils ne sont pas produits par la chose ; seulement c'est à son occasion qu'ils profitent à celui qui a un droit sur la chose. Ce n'est donc qu'en vertu d'une fiction de la loi qu'ils sont réputés fruits, et c'est pour cela qu'ils sont appelés *civils*. Sont rangés dans cette classe les loyers des maisons, les intérêts des sommes exigibles, les arrérages des rentes (art. 584).

Il n'est pas nécessaire qu'une somme soit actuellement exigible, pour que ses intérêts soient réputés fruits civils. Il suffit que le capital puisse en être exigé à une époque plus ou moins éloignée; et l'expression *exigible* n'a été employée que pour distinguer les intérêts d'un capital sujet à restitution, de ceux d'un capital qui ne peut pas être exigé, ou des arrérages de rente.

167. Dans les anciens principes, les prix des baux à ferme n'étant considérés que comme la représentation des fruits des fonds affermés, étaient rangés parmi les fruits naturels ou industriels. Il a paru plus convenable de les comprendre parmi les fruits civils (*id.*), puisqu'en définitive ce n'est qu'une somme d'argent que reçoit le bailleur. Et il en serait de même si le prix du bail était payable en denrées d'une quantité déterminée. Ce serait toujours le prix du bail, et la loi ne distingue pas. Il n'y aurait pas mieux identité avec les fruits du fonds [1].

168. Il suit de cette observation que si un fonds a été donné à cultiver à moitié fruits ou à colonne

---

(1) M. Proudhon, tome 2, n° 904.

partiaire, ses produits étant perçus en nature par le
propriétaire, ne constitueront pas des fruits civils.

169. Ces distinctions que fait la loi entre les diverses espèces de fruits ne sont pas une vaine théorie,
et les dispositions suivantes qui fixent, suivant leur
nature, les époques où ils sont acquis à l'usufruitier,
vont en justifier la nécessité.

L'usufruitier est propriétaire des fruits naturels
et industriels pendans, par branches ou par racines,
au moment de l'ouverture de l'usufruit (art. 585).

Ainsi, la règle à cet égard est que les fruits naturels et industriels ne s'acquièrent pas jour par jour,
c'est-à-dire dans la proportion du temps de l'année
qui s'est écoulé lorsque l'usufruit s'ouvre. Ils ne s'acquièrent qu'à mesure qu'ils sont récoltés, ou par le
seul effet de leur séparation du sol. Quelle que soit
donc l'époque de l'année où commence l'usufruit, la
seule condition à vérifier est si ces fruits tiennent
encore à la terre ou aux arbres. S'il en est ainsi, ils
appartiennent à l'usufruitier; dans le cas contraire,
il n'y a aucun droit. Ces principes, applicables à la
totalité des fruits, le sont à leurs diverses parties. Si
donc les fruits ont été coupés en partie, la partie
pendante appartiendra seule à l'usufruitier.

170. Cependant, cette règle s'appliquerait-elle au
cas où la récolte aurait été coupée avant sa maturité?
La décision de la question dépendrait des circonstances. S'il y avait eu, dans cette anticipation, in-

tention de nuire à l'usufruitier , il est certain qu'il serait fondé à réclamer. La question doit être décidée de même, dans l'intérêt du propriétaire, si c'est l'usufruitier qui a coupé la récolte avant sa maturité.

171. Si , à l'ouverture de l'usufruit , la récolte a été vendue et non coupée; l'usufruitier aura-t-il droit au prix ?

Reconnaissons d'abord que cette vente sera parfaitement valablement en ce qui concerne l'acquéreur. Aussi n'est-ce pas sur ce point que la difficulté peut porter. Cet acquéreur peut donc couper et enlever la récolte qui lui a été vendue par celui qui avait qualité pour le faire.

Mais le prix de cette vente , qui n'est que la représentation des fruits, sera dû à l'usufruitier qui le percevra comme il aurait perçu les fruits eux-mêmes, soit que l'acquéreur le doive encore , soit qu'il ait été payé au vendeur qui, dans ce cas, devra en faire compte à l'usufruitier.

La question devrait être différemment résolue, s'il était certain , lors de la vente , que l'usufruit serait ouvert à l'époque de la maturité de la récolte. Dans ce cas, le vendeur aurait sciemment attenté au droit de l'usufruitier. Il aurait vendu la chose d'autrui , et une telle vente est frappée de nullité par la loi (art. 1599). Il est donc bien entendu que la solution donnée ne s'applique qu'au cas où le vendeur est de bonne foi.

J'examinerai bientôt (n° 206) ce qu'il faut penser

d'une vente faite par l'usufruitier dont le droit prend fin avant que les fruits vendus soient détachés du sol.

172. Les fruits qui sont encore pendans au commencement ou à la fin de l'usufruit appartiennent à l'usufruitier ou au propriétaire, sans récompense de part ni d'autre, des labours ni des semences (*id*).

Cette disposition déroge à l'article 548 suivant lequel celui qui perçoit les fruits est tenu de rembourser les frais des labours, travaux et semences faites par un autre que lui. Mais on en conçoit le motif. La loi a voulu éviter des comptes sujets à difficultés entre le propriétaire et l'usufruitier, en établissant entre eux des chances égales de perte et de gain. Cependant, dans ce cas, le tiers autre que l'usufruitier ou le propriétaire qui aurait fourni les semences ou les travaux, aurait le droit d'être indemnisé. La loi lui accorde même à cet égard un privilége (art. 2102).

173. S'il existe un colon partiaire au commencement ou à la cessation de l'usufruit, il aura droit à la portion des fruits fixée par la convention (*id.*). Cette disposition ne porte aucune atteinte au droit du maître des fruits qui ne les aurait perçus, en aucun cas, qu'à la même condition.

174. A la différence des fruits naturels et industriels qui ne s'acquièrent que par leur perception, les fruits civils sont réputés s'acquérir jour par jour, et appartiennent à l'usufruitier, à proportion de la durée de son usufruit (art. 586).

Ainsi, l'usufruit commence-t-il au milieu de l'année, l'usufruitier a la moitié des fruits; finit-il après les deux tiers révolus de l'année, l'usufruitier a gagné les deux tiers des fruits, et ainsi de suite.

Il résulte de cette différence entre les fruits naturels et les fruits civils que si l'usufruitier meurt avant la récolte d'un fonds qu'il cultivait par lui-même ou par un colon partiaire, ses héritiers n'auront aucun droit aux fruits; tandis que s'il avait affermé le fonds, ils auraient droit à une partie du prix du bail.

175. Les choses qui se consomment par l'usage ne peuvent pas être l'objet d'un véritable usufruit, puisqu'il est impossible d'en conserver la substance. Le droit de jouissance dont elles peuvent être affectées était appelé, dans le droit romain, *quasi-usu-fruit*. Cette dénomination exprime encore assez exactement la nature de ce droit.

Si donc l'usufruit comprend de ces choses comme l'argent, les grains, les liqueurs, l'usufruitier a le droit de s'en servir, mais à la charge d'en rendre de pareille quantité, qualité et valeur, ou leur estimation, à la fin de l'usufruit (art. 587).

Ces choses sont appelées *fongibles* parce qu'elles peuvent être facilement remplacées : *Una alterius vice fungitur.*

176. La constitution d'un tel usufruit a beaucoup de rapports avec le prêt de consommation, c'est-à-dire le prêt des choses qui se consomment par l'usage (art. 1892). Mais elle en diffère sous certains autres. Ainsi cet usufruit peut être établi par testament, et le prêt ne peut l'être que par une convention. Ainsi encore cet usufruit s'éteint au décès de l'usufruitier, et le prêt s'exécute avec les héritiers de l'emprunteur. L'usufruitier doit donner caution, s'il n'en est dispensé, et l'emprunteur en est affranchi, si la convention ne l'y a pas soumis.

177. Les dernières expressions de l'article 587 ont donné lieu à une controverse, sur la manière dont elles doivent être entendues. D'après la loi, l'usufruitier doit rendre des choses de pareilles quantité, qualité et valeur, ou leur estimation, à la fin de l'usufruit. Mais que veulent dire ces expressions?

Les uns [1] considèrent l'usufruitier comme un débiteur alternatif qui a l'option pour se libérer (art. 1190), et ils pensent qu'à la fin de l'usufruit, il a le choix ou de rendre les choses de pareilles quantité, qualité et valeur, ou bien leur estimation, suivant leur valeur à l'ouverture de l'usufruit. Ceux qui professent cette opinion supposent que, dans l'inventaire qui doit avoir lieu au commencement

---

[1] Toullier, tome 3, n° 398. — M. Proudhon, tome 3, n° 1006.

de l'usufruit, l'estimation a été faite, et ils pensent que c'est à cette estimation qu'il faut s'en tenir.

Suivant une autre opinion [1], l'usufruitier n'est pas débiteur alternatif. L'article 587 dispose pour deux cas distincts, celui où il y a une estimation au commencement de l'usufruit, et alors l'usufruitier doit rendre le montant de cette estimation, et celui où il n'y a pas eu estimation ; alors ce sont des choses de pareilles quantité, qualité et valeur que doit rendre l'usufruitier.

Enfin, une troisième opinon [2] accorde l'alternative de la restitution à l'usufruitier, et se fondant sur l'article 1903 qui, dans le cas qu'il prévoit, autorise l'emprunteur à payer la valeur de la chose au temps où elle devait être rendue, cette opinion veut que l'usufruitier puisse payer la valeur qu'a la chose au temps de la restitution, c'est-à-dire à la fin de l'usufruit.

De ces trois opinions, la dernière me paraît la plus conforme à la loi et à l'équité.

La première, en effet, favorise trop l'usufruitier aux dépens du propriétaire. Elle lui donne toutes les chances favorables ; et il est évident que si les choses ont augmenté de valeur, l'usufruitier payera leur ancienne estimation ; si elles ont diminué, il rendra des choses de même nature ; et ainsi il gagnera toujours.

[1] M. Duranton, tome 3, n° 577.
[2] M. Delvincourt, tome 1, not. p. 507.

La seconde méconnaît le vrai sens de l'article 587, en refusant l'alternative à l'usufruitier, et supposant que c'est deux cas distincts qu'il régit. Il suffit de le lire attentivement pour se convaincre que telle n'a pas été la pensée du législateur.

D'ailleurs, ces deux opinions me paraissent défectueuses en ce que, en admettant qu'une estimation ait été faite au commencement de l'usufruit, elles la considèrent comme l'expression de la vérité, comme juste et irrévocable. Mais qui ne sait le peu d'exactitude des estimations, en général, que mentionnent les inventaires? L'essentiel, dans ces actes, est de constater le nombre et la nature des objets plutôt que leur valeur.

En décidant que c'est de l'estimation à la fin de l'usufruit qu'il doit être fait compte, tous les droits sont respectés, et l'on ne s'écarte ni du texte, ni de l'esprit de la loi. L'obligation qu'elle devait naturellement imposer à l'usufruitier est la restitution des mêmes quantité, qualité et valeur. Par là, elle le soumet à acheter ces choses; et ce n'est que pour lui épargner l'embarras de cet achat et remise, qu'elle l'autorise à se libérer en argent. Mais n'est-il pas dès-lors évident que son intention a été qu'il remît au propriétaire ni plus ni moins que ce qu'il aurait dépensé? Celui-ci n'aura alors aucune raison de se plaindre, et la position de l'usufruitier ne sera pas aggravée.

178. Non-seulement l'usufruit peut avoir pour

objet des choses dont on ne peut faire usage sans les consommer, mais encore il peut être constitué sur des choses qui, sans se consommer de suite, se détériorent peu à peu par l'usage, comme du linge ou des meubles meublans. Dans ce cas, l'usufruitier a le droit de s'en servir pour l'usage auquel elles sont destinées, et n'est obligé de les rendre, à la fin de l'usufruit, que dans l'état où elles se trouvent, non détériorées par son dol ou par sa faute (art. 589).

Il y a donc cette différence entre le cas de l'article 587 et celui de l'article 589 que, dans le premier cas, l'usufruitier est devenu propriétaire de la chose tandis qu'il ne l'est pas dans le second, et que par conséquent il ne peut pas l'aliéner.

179. Mais aurait-il au moins le droit de la louer?

La loi lui donne celui de s'en servir pour l'usage auquel elle est destinée. Sa jouissance ne doit donc pas la détériorer plus que ne l'aurait fait celle du propriétaire dont il faut aussi consulter l'intention, en l'interprêtant d'une manière raisonnable.

Ainsi, par exemple, il a été légué l'usufruit d'un équipage par une personne qui ne s'en servait que personnellement et à des époques presque déterminées, comme une fois la semaine. Si la position du légataire ressemble à celle du testateur, la manière de jouir du legs devra être à peu près la même. Mais si ce légataire ne veut plus on ne peut plus se servir de l'équipage, rien n'empêche qu'il ne le loue à un tiers qui en usera comme il aurait pu en user lui-même.

Car, ainsi que nous le verrons bientôt, l'usufruit n'est pas borné à la personne et peut être cédé. Si, toujours dans le même cas, l'usufruitier est un loueur de voitures, il pourra louer l'objet légué, le testateur qui connaissait sa position n'ayant pas manifesté une intention contraire. En un mot, la question dépendra des circonstances, de la position des parties, de la nature des objets sujets à l'usufruit et de l'intention présumée de celui qui l'a constitué.

180. L'usufruit peut avoir pour objet une rente viagère (art. 1968 et suiv.), et l'usufruitier a, tant tant que dure son usufruit, le droit d'en percevoir les arrérages, sans être tenu à aucune restitution (art. 588).

Rigoureusement parlant, une rente viagère, dont le capital n'est pas exigible, n'est autre chose que la somme perçue annuellement par le créancier, c'est-à-dire, les arrérages ou intérêts. On pourrait donc soutenir, comme on l'a fait dans l'ancien droit, que l'usufruit d'une rente viagère ne donne droit qu'aux intérêts des arrérages qui chaque année forment un capital, d'où résulterait la conséquence qu'à la fin de l'usufruit, tous les arrérages perçus par l'usufruitier devraient être restitués au propriétaire. C'est pour prévenir une telle interprétation, qui contrarierait bien certainement l'intention du constituant, que la loi s'est formellement expliquée à cet égard. Ainsi ont disparu les anciennes difficultés qui s'étaient élevées sur ce point et les distinctions entre les rentes

viagères constituées à titre gratuit et celles qui l'avaient été à titre onéreux [1]. L'article 1568 contient au surplus une disposition dont le principe est le même.

181. Le Code a consacré plusieurs dispositions aux droits de l'usufruitier sur les diverses espèces de bois et sur les arbres. Ce sujet important, qui peut donner lieu à de fréquentes contestations, méritait, en effet, une attention toute particulière. La loi s'occupe donc :

182. 1° *Des bois taillis.* On appelle ainsi ceux qui sont coupés à des époques périodiques et dont la destination la plus commune est le chauffage. L'usufruitier doit observer l'ordre et la quotité des coupes, conformément à l'aménagement ou à l'usage constant des propriétaires (art. 590). On entend par *aménagement* le règlement qui divise en plusieurs parties l'exploitation des terrains complantés en bois, qui peut en mettre certaines en coupes réglées et laisser les autres en réserve. Les propriétaires, dont l'usage doit être suivi par l'usufruitier, sont les actuels ou les derniers.

Si donc un aménagement a été fait, quelque récent qu'il soit, l'usufruitier devra l'observer, et ce n'est qu'à défaut d'aménagement qu'il devra se soumettre à l'usage. Il a même été jugé et écrit [1] que

---

(1) Toullier, tom. 3, n° 417.
(1) Sirey, 12-2-401. — M. Duranton, tome 4, n° 550.

l'aménagement d'une partie d'un bois doit être observé pour le bois entier.

183. Si l'usufruitier, pendant la durée de son droit, ne fait pas les coupes ordinaires de taillis, de baliveaux (arbres réservés pour des constructions) ou de futaie, il ne lui est pas dû d'indemnité non plus qu'à ses héritiers (*id.*). Mais dans ce cas, l'usufruitier ou ses héritiers pourront-ils opposer en compensation la valeur de la coupe qu'ils pouvaient faire et qu'ils n'ont pas faite avec celle d'autres coupes indûment faites?

Il semblerait que la raison d'équité devrait faire résoudre cette question affirmativement. Mais la rédaction de l'article 590 est trop formelle pour le permettre. Il est conçu, en effet, en termes absolus, et il refuse toute indemnité pour les coupes qui n'ont pas été faites. D'un autre côté, la loi qui soumet l'usufruitier à suivre l'ordre des coupes est aussi positive, et son inobservation amène pour conséquence des dommages-intérêts. Cependant le système de la compensation a été soutenu [1].

184. Au reste, le seul fait de l'anticipation des coupes ne donnera pas lieu, dans tous les cas, à des dommages-intérêts envers le propriétaire. Il faudra en outre qu'il en résulte un préjudice pour lui. La

___

(1) M. Duranton, tom. 4, n. 548.

question sera donc diversement résolue, selon l'époque à laquelle l'usufruit prendra fin. S'il se prolonge encore assez après la coupe anticipée, bien loin de nuire au propriétaire, cette anticipation lui aura été profitable; car il trouvera un taillis avancé, là où il n'y aurait eu qu'un terrain rasé, si l'ordre des coupes eût été observé. Il est bien évident que, dans un tel cas, il n'a pas droit à des dommages-intérêts. Cependant il faut reconnaître au propriétaire le droit de s'opposer à l'anticipation des coupes, à cause de l'incertitude de la durée de l'usufruit.

185. Dans certaines circonstances, l'usufruitier peut n'avoir pas fait la coupe avant la fin de l'usufruit, et cependant avoir conservé ou transmis son droit à ses héritiers. Il en sera ainsi lorsque ce sera par le fait du propriétaire que la coupe aura été empêchée, ou même par le fait d'un tiers qui aura élevé une contestation relative à la propriété. L'usufruitier n'aura pas pu, dans ces cas, se faire justice à soi-même, et il n'est pas permis de supposer qu'il a voulu faire l'abandon d'un droit dont l'exercice a été suspendu par celui ou à cause de celui qui devait profiter de cette suspension.

186. Il y a plus de difficulté dans le cas où la coupe à terme n'a pas eu lieu par suite d'un cas fortuit, ou d'une force majeure. L'obstacle ne venant pas alors du propriétaire ou de la propriété, le droit est perdu pour l'usufruitier, et l'article 590 reçoit son application [1].

187. *Sur les pépinières.* Les arbres qu'on peut en tirer sans les dégrader ne font partie de l'usufruit qu'à la charge par l'usufruitier de se conformer aux usages des lieux pour le remplacement (art. 590). Il n'y a aucune différence à faire à cet égard entre les arbres fruitiers et les forestiers, ceux qui sont plus précieux et ceux qui le sont moins.

188. *Sur les bois de haute futaie mis en coupes réglées.* L'ancienne ordonnance de 1669, titre 26, répute futaies les arbres parvenus à l'âge de quarante ans, et hautes futaies ceux qui en ont soixante.

Ordinairement, les arbres futaies ne sont pas sujets à des coupes réglées, et l'usufruitier ne peut en user que conformément à l'article 592.

Cependant des bois ou parties de bois de haute-futaie peuvent avoir été mis en coupes réglées, et alors l'usufruitier en profite, mais à la charge par lui de se conformer aux époques et à l'usage des anciens propriétaires, soit que ces coupes se fassent périodiquement sur une certaine étendue de terrain, soit qu'elles se fassent d'une certaine quantité d'arbres pris indistinctement sur toute la surface du domaine (art. 591).

---

(1) M. Proudhon, tome 3, n° 1178. — Cà M. Delvincourt.

189. Ici, la loi veut que l'usufruitier se conforme à l'usage des *anciens propriétaires* et, dans le cas de l'article précédent, il doit suivre l'usage constant des *propriétaires.* Cette différence dans les expressions prouve que la loi a voulu, dans le cas de l'article 590 que, lorsqu'il n'y a pas un aménagement qui permet de ranger les bois à haute-futaie parmi les fruits, l'usufruitier suive l'usage ancien ou nouveau des propriétaires actuels du bois sujet à l'usufruit, ou même des propriétaires voisins, tandis que lorsqu'il s'agit de bois de haute futaie, il n'a d'autre règle que l'usage des anciens propriétaires de ces bois. La loi dit *anciens* parce que ces sortes de coupes n'ayant lieu qu'à des époques fort éloignées les unes des autres, il faut remonter à des temps assez reculés pour déterminer l'usage [1].

190. Comme je l'ai déjà dit, si les arbres de haute futaie n'ont pas été mis en coupes réglées, l'usufruitier ne peut pas y toucher, sauf les facultés que lui donne l'article 593. Il peut seulement employer, pour faire les réparations dont il est tenu, les arbres arrachés ou brisés par accident. Il peut même, pour cet objet, en faire abattre, s'il est nécessaire, mais à la charge d'en faire constater la nécessité avec le propriétaire (art. 592).

[1] MM. Proudhon, t. 3, n° 1181. — Duranton, t. 4, n° 561, à la note.

191. Cette prohibition de toucher aux arbres fruitiers atteint également le propriétaire lui-même. Tant que dure l'usufruit, il doit les laisser sur pied, et il n'en peut retirer aucun avantage. Ceci pourtant doit être raisonnablement entendu. Il en sera ainsi sans doute si ces arbres sont de quelque utilité pour l'usufruitier, comme s'il en retire du gland ou du liége, ou même s'ils ne font que lui procurer de l'agrément. Mais, si, sous ces divers rapports, ils ne donnent aucun avantage à l'usufruitier, on ne voit pas pourquoi le propriétaire serait privé du droit d'en disposer. Aussi s'accorde-t-on généralement à le lui reconnaître dans ce cas [1].

192. Si, nonobstant la défense qui lui en est faite, l'usufruitier coupe des arbres à haute futaie, il doit indemniser le propriétaire. Mais cette indemnité devra-t-elle être payée au moment même, ou seulement à la fin de l'usufruit ? La cour de Paris a jugé, le 12 décembre 1811 [2] que l'indemnité n'était exigible qu'à la fin de l'usufruit. Mais ce système blesse l'équité, en ce qu'il fait résulter, pour l'usufruitier, un avantage, d'un acte contraire à la loi. S'il ne retirait donc aucune utilité des arbres, il doit l'indemnité sur le champ ; dans le cas contraire, il la

---

(1) Pothier, *du douaire*, n° 240. — M. Proudhon, tome 2, n° 880. — Sirey, 1818, 2-200.

(2) Sirey, 15-2-318.

doit de même, mais diminuée en proportion de l'avantage qu'il aurait pu retirer des arbres [1].

193. L'usufruitier peut prendre dans les bois des échalas pour les vignes ; il peut aussi prendre sur les arbres des produits annuels ou périodiques, le tout suivant l'usage du pays ou la coutume des propriétaires (art. 593).

Dans cette disposition, la loi ne distingue pas entre les taillis et les futaies. L'usufruitier pourra donc prendre indistinctement sur les uns et sur les autres, même à d'autres époques que celles des coupes, si elles sont organisées. Il est d'ailleurs bien entendu que ce n'est que pour les vignes comprises dans l'usufruit qu'il peut prendre des échalas. Les produits annuels ou périodiques que mentionne l'article précité sont les glands, l'émondage des saules ou des peupliers et autres semblables [2].

194. 4° *Sur les arbres fruitiers.* Ceux qui meurent, ceux même qui sont arrachés ou brisés par accident, appartiennent à l'usufruitier, à la charge de les remplacer par d'autres (art. 594).

Cette disposition s'applique à toute espèce d'arbres fruitiers, aux grands comme aux petits. Il y a donc une grande différence à cet égard entre ces arbres et

---

(1) M. Duranton, tome 4, n° 562, à la note.
(2) M. Proudhon, tome 3, n° 1196 et suiv.

les futaies qui n'appartiennent jamais à l'usufruitier.
On en donne pour raison que l'usufruitier profitant
des arbres fruitiers n'a pas intérêt à leur perte, tandis qu'il pourrait en avoir à celle des futaies. Mais
il est des arbres de cette dernière espèce dont l'usufruitier peut retirer avantage, ainsi que nous venons
de le voir, et cette raison n'est pas concluante. C'est
apparemment parce que le corps des fruitiers est
moins important que celui des futaies que la différence existe. Quoi qu'il en soit, et quels que soient
les motifs de la loi, elle est telle et la disposition dont
il s'agit n'est pas équivoque.

195. Le Code attribue à l'usufruitier la jouissance
de l'augmentation survenue par alluvion à l'objet
dont il a l'usufruit (art. 596). On peut voir, sur
l'alluvion, ce qui a été dit plus haut, n° 108 et
suivans.

Mais a-t-il également la jouissance des îles et attérissemens que l'article 561 déclare être la propriété
des riverains ?

Il ne l'avait pas, dans les principes du droit romain
qui établissait une différence entre l'île séparée du
fonds et l'accroissement insensible et caché adhérant
au fond [1]. La même opinion est encore professée
sur ce motif que l'article 596 ne mentionnant que

_____

(1) L. 9, § 4, ff. *de usufr.*

l'alluvion, ne peut pas s'appliquer à l'île matériellement séparée du fond [1].

Mais pour l'opinion contraire qui me paraît mériter la préférence, on invoque l'intention présumée des auteurs du Code qui, en parlant de l'alluvion dans l'article précité, ont voulu s'occuper de toute espèce d'"accession survenue au fonds. Il est assez naturel de croire, en effet, que si les droits de l'usufruitier eussent été restreints à l'alluvion proprement dite, la loi, pour prévenir les inévitables difficultés que sa rédaction aurait fait naître, se serait expliquée formellement à cet égard. D'ailleurs le principe général écrit dans l'article 597 est que l'usufruitier jouit généralement de tous les droits dont le propriétaire peut jouir, comme le propriétaire lui-même. Ce texte vient donc encore à l'appui de l'opinion que je soutiens [2].

Par les mêmes raisons, l'usufruitier doit avoir la jouissance de la partie d'un champ voisin réunie par une force subite au champ dont il a l'usufruit, dans le cas où le propriétaire de la partie enlevée n'aura pas réclamé, conformément à l'article 559. Il jouira aussi de l'ancien lit du fleuve ou de la rivière, dans le cas de l'article 563.

Ces solutions des questions auxquelles peut donner lieu l'examen des droits de l'usufruitier aux fonds

---

(1) M. Proudhon, tome 2, n° 524 et suiv.

(2) M. Duranton, t. 4, n° 580.

dont profite, par l'effet du mouvement des eaux, la chose sujette à l'usufruit, sont basées sur le principe fondamental de l'accession suivant lequel l'accession suit le sort du principal.

196. Une autre conséquence de l'usufruit est la jouissance des droits de servitude et de passage, et généralement de tous les droits dont le propriétaire peut jouir (art. 597).

La seule différence qu'il y ait, en effet, entre le propriétaire et l'usufruitier, relativement à la chose sujette à l'usufruit, est que ce dernier ne peut pas en abuser, la détruire, en disposer. Il a le droit de pêche, le droit de chasse, en un mot tous les émolumens inhérens à la possession du sol. Le droit de chasse est notamment attribué à tout possesseur autre que l'usager, par la loi du 30 avril 1790; et il en était de même sous l'empire des lois romaines [1].

197. Quoique, en règle générale, l'usufruitier ne fasse siens que les produits de la chose *quæ nasci et renasci solent*, et quoique les produits des mines et des carrières ne puissent pas être réputés tels, cependant il a le droit de jouir, de la même manière que le propriétaire, des mines et carrières qui sont en exploitation, à l'ouverture de l'usufruit (art. 598), dont les produits peuvent être considérés, par ana-

[1] L. 9, § 5, *ff. de usufr.*

logie, comme fruits. (Voir sur les mines la loi du 21 avril 1810).

198. D'après le Code (*id.*), s'il s'agit d'une exploitation qui ne puisse être faite sans une concession, l'usufruitier ne peut en jouir qu'après en avoir obtenu la permission du Roi. Cette nécessité s'explique par la législation sur les mines qui était en vigueur lors de la publication du Code. Il en résultait que les mines, bien différentes en cela des autres propriétés, n'étaient transmissibles d'un individu à un autre, par succession, donation, vente ou legs, qu'en vertu d'une autorisation spéciale du gouvernement. Mais il n'en est plus ainsi, sous la loi qui régit aujourd'hui cette matière, celle du 21 avril 1810. L'article 7 de cette loi déclare la propriété des mines perpétuelle et dès-lors disponible et transmissible comme tous autres biens. Il s'ensuit donc évidemment que l'usufruitier d'une mine peut en jouir sans la permission du roi [1] qui ne doit être renouvelée, aux termes du même article, que pour la vente par lots ou le partage d'une mine. C'est donc mal à propos qu'un auteur [2], qui n'a pas assez remarqué le changement apporté à la législation par la loi du 21 avril 1810, a écrit que la disposition dont il s'agit de

---

(1) M. Proudhon, tome 3, n° 1201.
(2) M. Duranton, tome 4, n° 568.

l'article 598 était encore en vigueur. Elle a été tacitement abrogée par l'article 7 de cette loi.

199. Mais l'usufruitier n'a aucun droit aux mines
et carrières non encore ouvertes, ni aux tourbières
dont l'exploitation n'est pas encore commencée, ni
au trésor qui pourrait être découvert pendant la durée de l'usufruit (*id.*). Car il ne doit rien changer à la
forme du fonds, et, pour toute autre chose que les
fruits, il ne peut en jouir que comme jouissait le
propriétaire lui-même, lorsque l'usufruit a été ouvert. C'est donc le propriétaire, à l'exclusion de
l'usufruitier qui, pour tout ce qui n'est pas fruits,
ou droits attribués par la loi à l'usufruitier, jouit
des avantages de la propriété.

200. Cependant, en argumentant par analogie
de la loi qui, en défendant à l'usufruitier de toucher aux futaies, lui permet d'en prendre pour les
réparations de l'immeuble, on doit décider que l'u-
sufruitier doit avoir le droit d'ouvrir temporairement une carrière, pour fournir aux réparations
dont il est tenu. Cette faculté que la raison et l'esprit
de la loi doivent lui faire reconnaître, lui était formellement donnée par la loi 12, au digeste *de
usuf.* [1].

---

(1) M. Proudhon, tome 3, n° 1204.

201. On porterait aussi trop loin les conséquen-ces du principe écrit dans l'article 598 si l'on refu-sait à l'usufruitier le droit d'ouvrir une marnière pour améliorer le fonds sujet à l'usufruit. Mais il ne pourrait pas vendre à son profit la marne qu'il en extrairait [1].

202. Si postérieurement à la constitution de l'usufruit, une mine ou carrière est ouverte par un tiers autorisé sur le fonds sujet à l'usufruit, quoi-que l'usufruitier ne doive pas profiter de la rede-vance payée par ce tiers qui, dans ce cas, est due au propriétaire, il pourra néanmoins obtenir une indemnité proportionnée au préjudice qui résultera, pour son droit d'usufruit, de l'ouverture et de l'ex-ploitation.

203. Je vais parler maintenant du mode de jouissance de l'usufruitier.

Il peut jouir par lui-même, donner à ferme à un autre, ou même vendre ou céder *son droit* à titre gratuit (art. 595). Il est reconnu que cette rédaction est inexacte en ce que, permettant à l'u-sufruitier de céder *son droit*, elle l'autoriserait à se substituer en entier une autre personne, et à chan-ger même ainsi la durée de l'usufruit. Mais c'est *l'exercice du droit* et non *le droit* lui-même qui

---

(1) M. Proudhon, tome 3, n° 1208.

réside toujours sur sa tête, que la loi permet à l'usufruitier de céder à autrui. Il n'en reste donc pas
moins responsable, envers le propriétaire, de l'administration et des faits de celui par lequel il se fait
représenter. Le propriétaire conservant ainsi ses premières garanties et les voyant même augmenter par
cette cession , on ne voit pas sur quel motif aurait
pu être fondée l'interdiction de céder l'exercice du
droit d'usufruit.

204. Dans les anciens principes , les baux consentis par l'usufruitier finissaient de plein droit avec
l'usufruit. L'incertitude de leur durée rendait ainsi
plus difficile l'emploi de ce mode de jouissance , reconnu pourtant utile aux intérêts de l'agriculture.
Ces intérêts et celui du propriétaire se trouvent
maintenant conciliés par la disposition qui , autori-
sant l'usufruitier à consentir des baux , le soumet
seulement à se conformer, pour les époques où ils
doivent être renouvelés , et pour leur durée , aux
règles établies pour le mari , à l'égard des biens de
la femme , au titre du contrat de mariage , et des
droits respectifs des époux (*id.*).

Ainsi , les baux de l'usufruitier , comme ceux du
mari , faits pour un temps qui excède neuf ans , ne
sont à la fin de l'usufruit obligatoires , vis-à-vis
du propriétaire , que pour le temps qui reste à courir , soit de la première période de neuf ans , si les
parties s'y trouvent encore , soit de la seconde , et
ainsi de suite , de manière que le fermier n'ait que

le droit d'achever la jouissance de la période de
neuf ans où il se trouve (art. 1429).

Ainsi encore, les baux de neuf ans ou au-dessous
que l'usufruitier a passés ou renouvelés, plus de
trois ans avant l'expiration du bail courant, s'il s'agit
de biens ruraux, et plus de deux ans avant la même
époque, s'il s'agit de maisons, sont sans effet, à
moins que leur exécution n'ait commencé avant la
fin de l'usufruit (art. 1430).

205. Mais si, en consentant un bail à ferme,
l'usufruitier a excédé, sous le rapport de la durée
ou de l'époque à laquelle il a traité, les facultés que
lui donnent les articles précités, le preneur pourra-
t-il être forcé d'exécuter le bail ?

S'il s'agissait d'un bail consenti par le mari des
biens de sa femme, la question devrait être résolue
affirmativement sans difficulté, puisque l'article
1429 limitant le temps pendant lequel ce bail est
obligatoire, ajoute : *vis-à-vis de la femme ou de
ses héritiers* ; termes qui sont là évidemment res-
trictifs, et qui prouvent bien que le bail continue
d'être obligatoire pour le preneur.

Mais l'opinion contraire [1], dans notre cas, se
fonde sur ce que l'article 595 ne se réfère aux articles 1429 et 1430 qu'en ce qui concerne la durée
des baux et les époques où ils doivent être renou-

---

[1] M. Duranton, tome 4, n° 587.

velés ; et sur ce que le mari , mandataire légal de la femme , a qualité suffisante pour l'obliger , tandis que l'usufruitier n'est pas le mandataire du propriétaire.

Ces raisons me paraissent insuffisantes pour refuser d'appliquer au bail fait par l'usufruitier le principe qui rend obligatoire pour le preneur le bail consenti par le mari , et les motifs de décider me paraissent les mêmes , dans les deux cas.

Le preneur qui a traité avec un usufruitier n'a pas ignoré que la mort du bailleur mettait fin à son droit, et c'est sciemment qu'il s'est obligé pour un temps qui pouvait excéder la durée de ce droit. S'il avait voulu s'affranchir de tout lien postérieur , il n'avait qu'à stipuler que le bail finirait , à son égard, à la mort de l'usufruitier. Quant à la nature du droit du bailleur , il n'y a pas de différence entre celui du mari et celui de l'usufruitier , ou s'il en existe, elle est sans influence sur la question. Car, quel que soit le régime auquel sont soumis les biens de la femme qui peuvent être affermés par le mari , les revenus de ces biens appartiennent à celui-ci, et le bail à ferme n'étant que l'aliénation de ces revenus, il y a , sous ce rapport, parité entre le bail du mari et celui de l'usufruitier. D'ailleurs , à ne considérer le mari que comme mandataire de la femme , le mandat finit à la mort du mari (art. 2003), comme l'usufruit à celle de l'usufruitier. Si donc la restriction non calculée des termes de l'article 595 fournit un argument à l'opinion que je combats , son esprit et l'identité de motifs pour les baux de l'usufruitier et ceux du mari, doivent faire décider affirmativement la question posée.

206. Je dois examiner ici quel doit être le sort d'une vente de fruits faite par l'usufruitier dont le droit cesse avant la perception des objets vendus, question annoncée au n° 171.

Malgré la controverse élevée à cet égard, il me paraît que, d'après les principes généraux de la matière, une telle vente ne peut produire aucun effet, et doit être considérée comme non avenue, même à l'égard du tiers acquéreur.

Nous avons vu en effet, que l'usufruitier n'a droit qu'aux fruits encore attachés au sol à l'ouverture de l'usufruit, et que ceux qui sont encore pendans par racines, lorsqu'il finit, appartiennent au propriétaire ; que même l'usufruitier n'a droit à aucune indemnité pour les coupes de bois qu'il pouvait faire et qu'il n'a pas faites ; de telle sorte que pour savoir s'il a droit ou non aux fruits, le seul point à vérifier est s'ils sont ou non détachés du sol.

Cela posé, il faut bien reconnaître que l'usufruitier ne peut pas transporter à autrui un droit qu'il n'a pas lui-même : *nemo plus juris in alium transferre potest quam ipse habet.*

Cependant on se fonde sur ce que l'article 595 donne à l'usufruitier le droit de vendre, pour décider que la vente dont il s'agit est valable à l'égard du tiers acquéreur, tout en reconnaissant que le prix n'en appartient qu'au propriétaire. [1]

Mais cette vente ne peut, sous aucun rapport, être opposée au propriétaire qui n'a pas été représenté par l'usufruitier : elle n'est pour lui que *res inter alios acta quæ neque nocet neque prodest.* Il a fallu une disposition expresse de loi pour attribuer effet aux baux à ferme après l'usufruit, et il n'existe pas de disposition semblable pour la vente. Enfin, la faculté de vendre que l'article 595 donne à l'usufruitier ne peut produire effet que pendant la durée de son droit (arg. de l'art. 2118.) [2]

207. Au nombre des droits de l'usufruitier, se place le devoir du propriétaire auquel la loi défend de nuire, par son fait, ou de quelque manière que ce soit, aux droits de l'usufruitier (art. 599). On doit admettre comme conséquence de ce principe, que le propriétaire ne peut pas créer des servitudes sur le fonds grevé d'usufruit, qu'il ne peut pas détruire les bâtimens ou abattre les arbres qui se trouvent sur ce fonds, qu'il n'a pas le droit d'y placer des constructions nouvelles et autres prohibitions semblables.

208. Mais de son côté, l'usufruitier ne peut, à

---

(1) Toullier, tome 5, n° 401. — Sirey, 1818, 1-375.
(2) M. Proudhon, tome 2, n° 992 et suiv.

la cessation de l'usufruit, obtenir aucune indemnité pour les améliorations qu'il prétendrait avoir faites, encore que la valeur de la chose en fût augmentée (*id.*). On voit donc que, sous ce rapport, l'usufruitier est traité plus sévérement que le tiers-possesseur évincé qui a amélioré le fonds d'autrui (sup. n° 100 et suiv.) Mais il ne faut pas confondre les améliorations avec les réparations dont il sera question dans la section suivante; et la règle ne doit être rigoureusement appliquée qu'aux dépenses purement volontaires que ne réclamait aucune nécessité. J'ai examiné ci-dessus au n° 104, la position de l'usufruitier qui a fait des constructions.

209. Néanmoins, l'équité doit faire admettre que si le même fonds a été dégradé, sous certains rapports, et amélioré sous d'autres, il doit s'opérer une compensation entre les améliorations et les dégradations. Car la valeur d'un seul objet ne s'estime que par un seul prix qui se compose d'élémens divers [1].

210. Quoique, en règle générale, l'usufruitier soit censé avoir voulu donner au propriétaire le montant des améliorations dont la répétition lui est interdite, cette présomption ne s'applique pas aux

---

(1) Pothier, *du douaire*, n° 227. *Du droit de propriété*, n° 350. — M. Proudhon, tome 5, n° 2625.

glaces, tableaux et autres ornemens qu'il aurait fait placer et qu'il peut enlever, à la charge seulement de rétablir les lieux dans leur premier état (*id.*). Ces objets restent en effet toujours distincts de la chose sujette à l'usufruit, et ils peuvent être utilisés ailleurs.

SECTION II.

Des obligations de l'usufruitier.

SOMMAIRE.

211. *L'usufruitier prend les choses dans l'état où elles se trouvent.*
212. *Il doit faire dresser un inventaire des meubles et un état des immeubles.*
213. *Motifs de la nécessité de l'inventaire. Il est aux frais de l'usufruitier.*
214. *Conséquences du défaut d'inventaire. Perte pour l'usufruitier des fruits perçus avant sa confection.*
215. *L'usufruitier peut-il être dispensé de l'inventaire ?*
216. *Tous ceux qui ont l'usufruit du bien d'autrui sont soumis à faire inventaire.*
217. *Conséquence du défaut de l'état des immeubles.*
218. *De la caution à donner par l'usufruitier.*
219. *La caution peut être remplacée par un gage en nantissement ou par une hypothèque.*
220. *Exceptions à la nécessité de la caution.*
221. *Moyen de concilier les intérêts du propriétaire et de l'usufruitier qui ne trouve pas de caution.*

235. *Leurs obligations respectives relativement au droit de mutation.*
236. *Les rentes viagères et les pensions alimentaires sont à la charge de l'usufruitier dans la proportion de sa jouissance.*
237. *Dans quels cas l'usufruitier contribue au paiement des dettes. Principes généraux à cet égard.*
238. *De l'usufruitier universel ou à titre universel.*
239. *Dans quels cas l'estimation mentionnée par l'article 612 est nécessaire.*
240. *De l'usufruitier à titre particulier.*
241. *Frais des procès qui sont à la charge de l'usufruitier.*
242. *Si la contestation est relative à la propriété, celui qui a constitué l'usufruit à titre onéreux doit supporter tous les frais. Secùs si la constitution est à titre gratuit.*
243. *Si elle n'a pour objet que la nue propriété, les frais sont exclusivement à la charge du propriétaire.*
244. *Obligation de l'usufruitier de dénoncer au propriétaire les usurpations et voies de fait commises sur la propriété.*
245. *Sa responsabilité s'il laisse périr un droit établi en faveur de la propriété.*
246. *Il en est affranchi, au cas de perte, sans sa faute, d'un ou plusieurs animaux sujets à l'usufruit.*
247. *En quoi elle consiste s'il s'agit d'un troupeau qui périt en entier ou en partie, sans sa faute.*
248. *Sens de ces expressions de l'article 616 : jusqu'à concurrence du croît.*
249. *Quid au cas de perte, si l'usufruit ne portait pas sur une universalité.*

211. Nous avons vu, dans la section précédente, quels sont les droits de l'usufruitier. Ici, nous allons connaître ses obligations.

D'abord, il prend les choses dans l'état où elles sont (art. 600), sans pouvoir exiger du propriétaire qu'il les lui livre en bon état. Il doit exécuter toutes les conventions faites par le propriétaire, les baux, par exemple, qu'il aurait consentis.

212. La première de ses obligations est de faire dresser, avant son entrée en jouissance, en présence du propriétaire ou lui dûment appelé, un inventaire des meubles et un état des immeubles sujets à l'usufruit (*id.*).

213. L'objet de l'inventaire est de bien constater le nombre et l'état des objets mobiliers sujets à l'usufruit, principalement, de donner au propriétaire une garantie qu'ils ne seront pas détournés, et de prévenir les contestations souvent difficiles qui pourraient avoir lieu à la cessation de l'usufruit. Cet inventaire est aux frais de l'usufruitier puisque la loi le met au nombre de ses obligations.

214. S'il entrait en jouissance avant d'avoir fait dresser l'inventaire, il serait considéré comme possesseur de mauvaise foi et tenu de restituer tous les fruits par lui perçus jusqu'à l'époque où il remplirait cette obligation qui est imposée même à celui qui se trouvait déjà en possession à l'ouverture de l'usufruit [1]. Le propriétaire pourrait, s'il n'y avait pas eu d'inventaire, prouver l'existence des effets mobiliers par titre, par témoins et même par la commune renommée, à cause de la mauvaise foi présumée de l'usufruitier.

215. Mais l'usufruitier peut-il être dispensé, par l'acte constitutif de l'usufruit, de faire inventaire ?

La question doit être affirmativement résolue, si le constituant a la libre disposition de ses biens, c'est-à-dire s'il ne laisse pas d'héritiers à réserve. On pourrait dire tout au plus que cette dispense déguise un don indirect à l'usufruitier ; et il est incontestable que le constituant ayant pu, dans ce cas, donner directement a pu le faire indirectement [2]. Cependant, malgré cette dispense, qui alors ne produira d'autre effet que d'affranchir l'usufruitier des frais de l'inventaire, le propriétaire sera toujours le maître de faire procéder à l'inventaire, à ses frais [3]. Mais, s'il y a des héritiers à réserve, la dispense de l'inventaire est comme non avenue.

216. Au reste, l'obligation de l'inventaire est imposée à tous ceux qui, à un titre quelconque, ont

---

(1) Dalloz, *Rec. périod.*, 1830, 2-262.

(2) Merlin, rép. v° usufruit, section 2. — Toullier, tome 3, n° 420. — Favard, v° *usufruit*, section 3.

(3) M. Proudhon, tome 2, n° 800 et suiv.

l'usufruit du bien d'autrui, au vendeur ou au donateur, sous réserve d'usufruit, comme au père ayant la jouissance légale du bien de ses enfans, au donataire, au légataire, à l'acquéreur.

217. L'état des immeubles exigé de la même manière et sous les mêmes peines que l'inventaire du mobilier, est autant et plus dans l'intérêt de l'usufruitier que dans celui du propriétaire. Car la conséquence de son défaut est que l'usufruitier est présumé avoir trouvé les immeubles en bon état et qu'il doit les rendre de même à l'expiration de l'usufruit.

218. Une seconde garantie que donne la loi au propriétaire, est l'obligation qu'elle impose à l'usufruitier de donner caution de jouir en bon père de famille, s'il n'en est dispensé par l'acte constitutif de l'usufruit (art. 601). On désigne sous le nom de caution une tierce-personne qui s'engage à répondre de la gestion de l'usufruitier. Il faut donc qu'elle présente une solvabilité suffisante pour cela, solvabilité qui ne doit pas toujours être nécessairement en rapport avec la valeur des choses sujettes à l'usufruit, mais plutôt avec leur détérioration possible ; d'où il résulte qu'elle pourra être différente selon qu'il s'agira de meubles ou d'immeubles, les premiers étant plus sujets à détérioration que les seconds. On peut consulter, sur les règles du cautionnement, les articles 2018, 2019, 2020, 2040 et autres du Code.

219. Une difficulté s'est élevée sur le point de savoir si l'usufruitier peut remplacer la caution par un gage en nantissement suffisant, ou une hypothèque.

On écarte l'appplication de l'article 1041 qui est formel à cet égard pour les cas généraux, en disant qu'il ne s'agit pas ici d'un débiteur ordinaire, mais d'un usufruitier pour lequel rien ne peut remplacer la caution et dont la position, s'il ne peut la fournir, est réglée par les articles 602 et 603 dont je m'occuperai incessamment [1].

Mais l'opinion contraire est plus généralement adoptée et me paraît mériter la préférence. Outre le texte de l'article 1041, applicable à notre cas, puisqu'il s'agit d'une caution légale et non pas conventionnelle, la raison et les motifs de la loi justifient le remplacement de la caution par un gage en nantissement ou une hypothèque. La loi n'a d'autre but en effet que de veiller aux intérêts du propriétaire par la garantie qu'elle exige de l'usufruitier, et, sous ce rapport, un nantissement ou une hypothèque suffisans valent bien une caution, et même mieux : *Plus cautionis est in re quam in personá* l. 25, ff. de reg. jur. [2].

220. L'obligation de donner caution reçoit plu-

(1) M. Proudhon, tome 2, n° 848.
(2) Toullier, tome 3, n° 422. — M. Duranton, tome 4, n° 603.

sieurs exceptions. La première a lieu dans le cas où l'acte constitutif de l'usufruit en contient la dispense (*id.*). Mais il doit en être, dans ce cas, comme dans celui de dispense d'inventaire dont je me suis occupé, et il faut que le constituant ait la libre disposition de ses biens. Ainsi, aux termes de l'article 1094 l'époux qui a même plus de deux enfans peut donner à son épouse la moitié de ses biens en usufruit seulement. Il est bien évident que la dispense de caution ne vaudrait, dans ce cas, qu'à concurrence de la portion disponible en propriété, c'est-à-dire du quart [1].

La loi dispense encore du bail de caution les père et mère ayant l'usufruit légal du bien de leurs enfans et le vendeur ou le donateur sous réserve d'usufruit (*id.*). Elle compte sur l'affection des père et mère, suppose que l'acquéreur en a dispensé le vendeur de cela seul qu'il ne l'y a pas soumis, et ne veut pas exposer le donateur à l'ingratitude du donataire.

Ces exceptions sont d'ailleurs les seules que la loi admette; et la caution est due même par le père ou la mère survivant à qui l'usufruit légal est accordé par l'article 754.

221. Mais si l'usufruitier ne peut présenter ni une caution, ni un nantissement, ni une hypothè-

---

(1) MM. Proudhon, t. 2, n° 824. — Duranton, t. 4, n° 611.

que, ses intérêts et ceux du propriétaire sont conciliés d'une manière différente, selon que l'usufruit a pour objet des immeubles ou des meubles.

Les immeubles, dans ce cas, sont donnés à ferme ou mis en séquestre, c'est-à-dire confiés à l'administration d'un tiers convenu entre parties ou désigné en justice qui doit en rendre compte (art. 602, 1955 et suiv.). Le prix des fermes ou les produits perçus par le séquestre appartiennent à l'usufruitier.

Si, dans le même cas, l'usufruit porte sur des sommes ou des denrées, les sommes sont placées, les denrées sont vendues et le prix en est également placé. Les intérêts en appartiennent à l'usufruitier (art. 602).

A défaut d'une des garanties précitées de la part de l'usufruitier, le propriétaire peut exiger que les meubles qui dépérissent par l'usage soient vendus, pour le prix en être placé comme celui des capitaux et des denrées, et l'intérêt de ce prix appartient à l'usufruitier (art. 603).

222. Cependant l'usufruitier peut demander, et les juges peuvent ordonner, suivant les circonstances, qu'une partie des meubles nécessaires pour l'usage de l'usufruitier lui soit laissée, sous sa simple caution juratoire, c'est-à-dire, sa promesse avec serment de les représenter à l'extinction de l'usufruit (*id.*).

225. Tout en reconnaissant que dans les cas où

9

il a fourni caution, l'usufruitier est affranchi de sa responsabilité si la chose périt par cas fortuit, on a écrit que, s'il n'a donné d'autre garantie que sa caution juratoire, la perte de la chose arrivée même par cas fortuit ne le dispense pas d'en payer la valeur. Cette opinion est fondée sur ce que l'article 603 l'oblige à la *représenter*, et sur une prétendue différence entre les articles 603 et 589 [1].

Cette opinion est d'abord contraire à l'équité, en ce qu'elle augmente la responsabilité de l'usufruitier, de cela seul que son peu de fortune l'a empêché de trouver une caution. Elle n'a d'ailleurs aucun fondement dans la loi. L'article 589 pose le principe général d'après lequel l'usufruitier n'est obligé de rendre les choses que dans l'état où elles se trouvent à l'extinction de l'usufruit, non détériorées par son dol ou par sa faute. L'article 603 n'ajoute rien à cette obligation qu'il ne fait que rappeler, sans employer les mêmes termes, parce qu'il se réfère au principe déjà posé. Quel motif y aurait-il eu pour obliger plus étroitement celui qui, sur sa caution juratoire, jouit de quelques meubles nécessaires à son usage, que celui qui, moyennant une caution ordinaire, jouit de choses que l'usage détériore? Il est évident que l'intérêt qu'inspire l'usufruitier, dans le cas de l'article 603, joint au peu d'importance présumée des objets qui lui sont laissés, a, dans la pensée du

---

(1) M. Duranton, tom. 4, n° 605.

législateur, assimilé, dans leurs effets, la caution juratoire à la caution ordinaire.

224. Il n'en est pas du retard de donner caution comme du défaut d'inventaire dont la conséquence est la perte des fruits perçus par l'usufruitier, tandis que lors même qu'il n'aurait pas encore donné caution, l'usufruitier a droit aux fruits, du moment où l'usufruit a été ouvert (art. 604).

Il y a, en effet, une grande différence entre les deux cas. L'usufruitier qui ne fait pas inventaire est en présomption d'avoir voulu préjudicier au propriétaire en se préparant des moyens de soustraction. La même présomption ne saurait résulter du retard de donner caution. A quelque époque qu'elle soit fournie, elle répond de l'entière administration de l'usufruitier, et son effet remonte au moment où l'usufruit a été ouvert.

225. Mais, dans le cas où un usufruit a été constitué sur un objet particulier, par testament, le légataire a-t-il droit aux fruits du moment où l'usufruit est ouvert ou seulement à dater de la demande en délivrance de son legs ?

Pour la première opinion, on argumente de l'article 585 suivant lequel les fruits pendans par racines, à l'ouverture de l'usufruit, appartiennent à l'usufruitier, et de l'article 604 qui déclare qu'ils lui sont dus du moment où l'usufruit a été ouvert. On ajoute que, dans ce cas, les fruits sont l'objet principal de l'usufruit, que le retard ou le défaut de demande en délivrance ne peut pas diminuer. M. Toullier a embrassé cette opinion sans en donner de motifs. Il se contente de dire, sans le prouver, que l'article 604 fait exception à l'article 1014 [1].

Mais il est à remarquer que ce dernier article consacre une règle générale, en disposant que le légataire particulier ne peut prétendre les fruits de la chose léguée, qu'à compter du jour de sa demande en délivrance, et que l'article 1015, qui énumère les exceptions que reçoit cette règle, ne mentionne pas l'usufruitier. Il résulte seulement de la combinaison des articles 586, 604 et 1014 que, bien que le droit aux fruits soit fixé sur la tête de l'usufruitier dès que l'usufruit s'ouvre, et qu'il en ait la disponibilité, il ne peut utiliser ce droit qu'après la demande en délivrance, et qu'il n'y a pas de différence à faire à cet égard entre le légataire de l'usufruit et celui de la propriété. C'est par un effet de sa saisine, de sa possession que l'héritier conserve les fruits de la chose léguée jusqu'au moment de la demande en délivrance, et son droit doit rester le même, qu'il s'agisse d'un legs en usufruit ou d'un legs en propriété. Enfin, un legs d'usufruit n'est pas, à bien dire, un legs de fruits considérés comme objet principal. Un tel legs, abstractivement parlant, a pour objet un droit incorporel; et si on le consi-

---

(1) T. 3, n° 423.

dère matériellement dans l'objet auquel il s'applique,
l'usufruit d'un immeuble est lui-même un droit immobilier distinct de la nue-propriété [1]. Ainsi, sous
tous ces rapports, le légataire d'un usufruit ne doit
avoir droit aux fruits qu'à compter de sa demande
en délivrance.

226. Pour déterminer les obligations de l'usufruitier, en ce qui concerne les réparations dont la
nécessité survient pendant la durée de l'usufruit, le
Code distingue les *grosses* réparations, des réparations *d'entretien.*

Les grosses réparations sont celles des gros murs
et des voûtes, le rétablissement des poutres et des
couvertures entières; celui des digues et des murs
de soutenement et de clôture aussi en entier. Ces
réparations demeurent à la charge du propriétaire
(art. 605-606).

Toutes les réparations autres que celles qui viennent d'être énumérées sont d'entretien. L'usufruitier n'est tenu que de celles-là (*id., id.*)

Cependant, si les grosses réparations sont occa-
sionnées par le défaut de réparations d'entretien,
depuis l'ouverture de l'usufruit, l'usufruitier en est
aussi tenu. (art. 605).

227. Remarquons qu'il n'est question ici que des

---

(1) MM. Proudhon, tome 1, n° 594 et suiv. — Duranton, tome 4, n° 520 et suiv.

réparations qui deviennent nécessaires après l'ouverture de l'usufruit. Car celles qui étaient à faire,
quand il commence, de quelque nature qu'elles
soient, ne sont jamais à la charge de l'usufruitier
qui, d'après l'article 600, prend les choses dans
l'état où elles se trouvent.

228. De ce que la loi veut que les grosses réparations *demeurent à la charge du propriétaire*,
faut-il conclure que le propriétaire peut être contraint de faire celles qui deviennent nécessaires durant l'usufruit ?

Je ne le pense pas. L'usufruit est une véritable
servitude supportée par le propriétaire, et il est de
la nature des servitudes, comme nous le verrons
dans le titre suivant, qu'elles consistent, pour celui
qui les doit, à *souffrir*, mais non pas *à faire*.

On objecte contre cette opinion les termes déjà
cités de l'article 605 portant que les grosses réparations
demeurent à la charge du propriétaire. Mais ce
n'est pas dire que le propriétaire est tenu de les faire
pendant la durée de l'usufruit. Cela signifie seulement que s'il juge convenable qu'elles soient faites,
elles sont à ses frais, et sans qu'il puisse répéter de
l'usufruitier aucune indemnité.

On argumente encore de l'article 607 qui, dit-
on, dispensant le propriétaire de rebâtir ce qui est
tombé de vétusté, ou ce qui a été détruit par cas
fortuit, le soumet implicitement à faire les autres
réparations. Mais il me semble au contraire que cet

article fait assez clairement connaître l'esprit de la loi qui , en affranchissant le propriétaire de rebâtir *ce qui* (expression générale) est détruit par vétusté ou par cas fortuit, s'applique aux grosses réparations dont la nécessité ne peut guère avoir que l'une de ces deux causes. Il faudrait d'ailleurs un texte bien formel pour aggraver à ce point la condition du propriétaire en le forçant à faire des dépenses qui pourraient être ruineuses pour lui , et dont peut-être il ne devrait jamais profiter personnellement [1].

229. Cependant, il est incontestable que si le titre constitutif de l'usufruit soumettait le propriétaire à faire les grosses réparations qui surviendraient pendant sa durée, cette convention devrait être exécutée. Encore même, dans ce cas, faut-il reconnaître, par application du principe posé dans l'article 699, que le propriétaire serait dispensé des grosses réparations , en abandonnant le fonds sujet à l'usufruit, à moins qu'il ne se fût aussi interdit cet abandon.

230. On doit admetre , par une équitable réciprocité , que l'usufruitier peut aussi se dispenser, en abandonnant l'usufruit, des réparations d'entretien que la loi met à sa charge , et qu'à la différence du

---

(1) Toullier, tome 4, n° 445. — MM. Proudhon, tome 4 , n° 1675 et suiv. — Duranton, tome 4, n° 659.

propriétaire pour les grosses réparations, il est obligé de faire. Mais alors il doit restituer les fruits qu'il a perçus depuis que ces réparations d'entretien étaient nécessaires. Car, en principe, les réparations de cette nature sont considérées comme une charge des fruits.[1]

231. Lorsque le propriétaire veut faire les grosses réparations dont l'usufruitier n'est pas tenu, celui-ci ne peut pas s'y opposer, quand bien même il en résulterait des inconvéniens pour sa jouissance; fût-il même obligé de quitter son habitation pendant l'exécution de ces réparations, il n'aurait pas d'indemnité à réclamer. C'est par la nécessité des choses et non par l'effet de la seule volonté du propriétaire, qu'il éprouve ce préjudice dont, en définitive, il doit retirer avantage [2].

232. Par la même raison, si le propriétaire ne veut pas faire ces grosses réparations, l'usufruitier a le droit d'y faire procéder, sans que le propriétaire soit fondé à y mettre obstacle. Mais, dans ce cas, l'usufruitier qui a amélioré la position du propriétaire, qui a agi dans l'intérêt de celui-ci comme *negotiorum gestor*, peut obtenir une indemnité, en vertu du principe de l'article 1375, suivant le-

---

(1) M. Duranton, tome 4, n° 623.
(2) M. Proudhon, tome 4, n° 1723.

quel le maître dont l'affaire a été bien administrée doit remplir les engagemens que le gérant a contractés en son nom, l'indemniser de tous les engagemens personnels qu'il a pris, et lui rembourser toutes les dépenses utiles ou nécessaires qu'il a faites [1]. Ces répétitions ne peuvent néanmoins être exercées qu'à la fin de l'usufruit. C'est alors seulement que le propriétaire en profite.

233. Les charges annuelles qui, dans l'usage, sont censées charges des fruits, telles que les contributions et autres, sont supportées par l'usufruitier (art. 608), et il n'y a pas à distinguer, à cet égard, entre les charges ordinaires et les charges extraordinaires, comme les centimes additionnels votés pour dépenses départementales ou communales.

234. Quant aux charges qui peuvent être imposées sur la propriété pendant la durée de l'usufruit, l'usufruitier et le propriétaire y contribuent ainsi qu'il suit : Le propriétaire est obligé de les payer, et l'usufruitier doit lui tenir compte des intérêts. Si elles sont avancées par l'usufruitier, il a la répétition du capital, à la fin de l'usufruit (art. 609). Les charges qui sont réglées par cette disposition sont, par exemple, une subvention de guerre, un emprunt forcé.

---

(1) M. Proudhon, tome 5, n° 2628.

235. Le droit de mutation pour l'usufruit dû conformément à la loi du 22 frimaire an 7 est une charge personnelle de l'usufruitier et qui n'affecte pas la propriété ; et le droit de mutation pour propriété est une charge personnelle du propriétaire et non pas une charge sur la propriété à laquelle s'appliquent les règles de l'article 609. Il suit de cette dernière observation que l'usufruitier ne doit contribuer , en aucune manière , à l'acquitement de ce droit de mutation pour propriété. Ce principe a été consacré par la cour de cassation [1].

236. La loi considère les rentes viagères et les pensions alimentaires comme charges des fruits. Si donc le legs d'une de ces rentes ou pensions a été fait par un testateur , qui ait transmis la propriété de ses biens à une personne et l'usufruit de la totalité ou d'une part déterminée à une autre , l'usufruitier devra payer la totalité ou une part de la rente ou pension , sans recours contre le propriétaire. A cet égard , il y a plusieurs précisions à faire qui se rattachent aux principes généraux sur la manière dont les légataires, selon leur diverse qualité , contribuent aux dettes de la succession , principes qui vont être immédiatement exposés. C'est par une de leurs conséquences que le légataire universel de l'usufruit acquitte la rente viagère ou la pension

_____

(1) Sirey , 15-1-368.

alimentaire dans son intégrité et que le légataire à titre universel de l'usufruit l'acquitte dans la proportion de sa jouissance (art. 610). Ainsi , le légataire de l'usufruit de la moitié de la succession paye la moitié de la rente ; le légataire du quart , le quart de la rente , et ainsi de suite.

237. L'usufruitier peut contribuer aussi au paiement des dettes de la chose dont il jouit ou de celui qu'il représente , selon l'étendue de son droit et de la manière que la loi fait connaître.

L'usufruitier universel d'une succession est celui qui a la jouissance de l'universalité des biens qui la composent (art. 1003).

L'usufruitier à titre universel est celui qui a la jouissance d'une quote-part des biens , telle qu'une moitié , un tiers , ou de tous les immeubles , ou de tout le mobilier , ou d'une quotité fixe de tous les immeubles ou de tout le mobilier (art. 1010).

L'usufruitier à titre particulier est celui qui a la jouissance d'un ou de plusieurs objets déterminés , en un mot celui qui n'est ni universel , ni à titre universel (*id.*).

L'usufruitier universel et l'usufruitier à titre universel sont tenus , le premier du paiement de l'intégralité des dettes , et le second d'une part proportionnée à son usufruit (art. 1012). La raison en est qu'ils représentent la personne du défunt.

L'usufruitier à titre singulier n'est point tenu des

dettes (art. 1024) , parce qu'il ne représente pas cette personne.

238. Fixés , par cet aperçu , sur l'obligation des divers usufruitiers relativement aux dettes , voyons quel est le mode dont ils y contribuent.

L'usufruitier ou universel ou à titre universel , doit contribuer avec le propriétaire au paiement des dettes ainsi qu'il suit : On estime la valeur du fonds sujet à l'usufruit ; on fixe ensuite la contribution aux dettes à raison de cette valeur. Si l'usufruitier veut avancer la somme pour laquelle le fonds doit contribuer , le capital lui en est restitué à la fin de l'usufruit, sans aucun intérêt. Si l'usufruitier ne veut pas faire cette avance , le propriétaire a le choix ou de payer cette somme , et, dans ce cas, l'usufruitier lui tient compte des intérêts pendant la durée de l'usufruit , ou de faire vendre jusqu'à due concurrence , une portion des biens soumis à l'usufruit (art. 612).

Cette décision toute équitable et dont l'intelligence résulte assez de la lecture du texte , a pour fondement la diversité de la nature des droits du propriétaire et de l'usufruitier. Le premier éprouve par l'effet des dettes une diminution dans la chose qui constitue la propriété et rien au-delà ; le second souffre une diminution de revenu et pas autre chose.

239. Au reste , l'estimation mentionnée dans l'article 612 n'est pas nécessaire dans tous les cas. Son

objet étant de déterminer la quotité relative de l'u-
sufruit , l'estimation serait superflue, lorsque cette
quotité est fixée par l'acte constitutif, comme lorsque, par exemple , l'usufruit est de la moitié , du
tiers d'une succession. Elle ne doit donc avoir lieu
que lorsque l'usufruit porte sur une quotité qui
n'est pas en rapport avec l'universalité des biens ,
s'il a pour objet tous les meubles , tous les immeubles , ou seulement une part déterminée des meubles ou des immeubles.

240. L'usufruitier à titre particulier n'est pas
tenu des dettes (art. 871-611). Cependant si le
fonds grevé d'usufruit est hypothéqué, cet usufruitier peut être forcé de contribuer au paiement,
de la manière portée en l'article 612. Alors, il a
son recours contre le propriétaire, sauf ce qui est
dit à l'article 1020 (art. 611) duquel il résulte que
le propriétaire, quoique sujet au recours de l'usufruitier pour les dettes hypothécaires, n'est pas
tenu de dégager l'immeuble de l'hypothèque, s'il
n'en a pas été chargé par une disposition expresse.

241. C'est toujours par application des mêmes
principes que l'usufruitier n'est tenu que des frais
des procès qui concernent la jouissance et des autres
condamnations auxquelles ces procès pourraient donner lieu (art. 613).
Ainsi, s'il s'agit d'une action possessoire , de dé-

gats commis sur les récoltes, les frais de la contestation seront à la charge de l'usufruitier.

242. Si cependant elle avait la propriété pour objet et si l'usufruit avait été constitué à titre onéreux, ces frais seraient supportés par le constituant qui, par le seul effet du traité, devrait procurer une jouissance paisible à l'usufruitier et lui devrait une entière garantie. Il en serait différemment si la constitution était à titre gratuit. Car, il est de principe que le donateur ne doit point de garantie au donataire. Si le procès avait pour objet à la fois la propriété et la jouissance, les frais seraient supportés en commun et conformément au mode de contribution établi par l'article 612 par l'usufruitier et le propriétaire, sauf le recours de l'usufruitier contre qui de droit, selon l'occurrence et comme il vient d'être dit [1].

243. Les frais des procès qui n'ont d'autre objet que la nue-propriété sont exclusivement à la charge du propriétaire.

244. Il ne faut pas que l'indifférence ou la négligence de l'usufruitier puissent préjudicier au propriétaire; et si, pendant la durée de l'usufruit, un tiers commet quelque usurpation sur le fonds ou

---

[1] Toullier, tome 3, n° 434. — M. Duranton, tome 4, n° 627.

attente autrement aux droits du propriétaire, l'usufruitier est tenu de le dénoncer à celui-ci : faute de
ce, il est responsable de tout le dommage qui peut
en résulter pour le propriétaire, comme il le serait
des dégradations commises par lui-même (art. 614).

Si cette obligation n'était pas imposée à l'usufruitier qui est en possession, et peut avoir, par
conséquent, connaissance de toutes les voies de fait
dirigées contre la propriété, le propriétaire pourrait
être dépouillé, à son insçu, et sans avoir été mis en
mesure de défendre son droit, dans le cas, par
exemple où la prescription viendrait légitimer l'u-
surpation.

245. Cette responsabilité de l'usufruitier à l'é-
gard du propriétaire existe non seulement lorsqu'il
souffre, sans les dénoncer, les voies de fait d'un
tiers, mais encore lorsque sa négligence à exercer
un droit établi en faveur de la propriété amène la
perte de ce droit, ce qui a lieu lorsqu'il laisse éteindre
par le non-usage (art. 706), une servitude qui avait
été constituée en faveur du fonds. [1]

Cette dénonciation des voies de fait commises sur
une propriété possédée par un autre que le propriétaire, est commandée dans tous les cas analogues.
L'article 1726 en impose l'obligation au locataire
ou au fermier qui veulent conserver le droit d'ob-

[1] Toullier, tome 3, n° 435.

tenir une diminution du prix du bail, et l'article
1768 la prescrit, dans tous les cas, au preneur d'un
bien rural.

Toujours soumis à cette obligation, l'usufruitier
peut agir en son propre nom, contre l'auteur de
l'usurpation ou de la voie de fait, si elle est de nature
à préjudicier à sa jouissance.

246. La perte d'un seul animal sur lequel l'usufruit est établi, si elle a lieu sans la faute de l'usufruitier, ne le soumet pas à en rendre un autre,
ni à en payer la valeur (art. 615). Il est de principe
en effet que les choses périssent pour le compte du
propriétaire : *res perit domino.* Dans ce cas, il faut
décider, par analogie de l'article 616, que l'usufruitier doit représenter au propriétaire la peau de
l'animal qui a péri ou faire compte de sa valeur. [1]

247. Si un troupeau sur lequel l'usufruit a été
constitué périt entièrement par accident ou par ma-
ladie, et sans la faute de l'usufruitier, celui-ci n'est
tenu envers le propriétaire que de lui rendre compte
des cuirs ou de leur valeur. Si le troupeau ne périt
pas entièrement, l'usufruitier est tenu de remplacer,
jusqu'à concurrence du croît, les têtes des animaux
qui ont péri (art. 616).

Pour que la responsabilité de l'usufruitier soit

[1] Toullier, tome 3, n° 436.

donc dégagée, il faut la perte entière du troupeau.
Quant à la seule obligation que, dans ce cas, il doive
remplir, celle de faire compte des cuirs ou de leur
valeur, il est bien entendu qu'elle n'existe qu'autant
que les cuirs ont pu être conservés et que l'usufruitier a pu en retirer quelque avantage.

248. Mais comment faut-il entendre ces mots :
jusqu'à concurrence du croît, qui se trouvent dans
la seconde disposition de l'article précité, celle qui
régit le cas où le troupeau ne périt pas en entier.

Suivant M. Proudhon [1], l'usufruitier doit remplacer les têtes qui ont péri, à concurrence, non-
seulement du croît postérieur à la perte, mais encore
du croît antérieur et dont il avait fait son profit. Cet
auteur se fonde sur les termes de la loi 70 *ff.* §. 4.
de usufr.. M. Duranton [2] invoque les termes de la
même loi pour décider, au contraire, que ce n'est
qu'à concurrence du croît postérieur à la perte, que
le remplacement doit avoir lieu. Cette dernière interprétation me paraît plus juste, et c'est en ce sens
que je crois devoir entendre les termes suivans de
la loi romaine qui a été citée : *Puto autem verius
ea quœ pleno grege edita sunt ad fructuarium
pertinere; sed posteriorem gregis casum nocere
debere fructuario.* Il en résulte que le jurisconsulte

---

(1) Tome 3, n° 1095.
(2) Tome 4, n° 630, à la note.

romain considère le croît antérieur comme appartenant à l'usufruitier, et on peut conclure de ce que, dans la construction de sa phrase, il met en opposition ce bénéfice de l'usufruitier avec la perte qu'il éprouve ensuite, que la perte ne doit pas être réparée aux dépens de ce bénéfice.

D'ailleurs, l'usufruitier ayant pu disposer, comme bon lui a semblé, du croît antérieur, la loi n'a pas pu avoir l'intention de le soumettre à dépenser un capital peut-être considérable, et dont la perte lui rendrait l'usufruit onéreux.

249. On voit, d'après les termes de l'article 616, que le remplacement par l'usufruitier ne doit avoir lieu que lorsque l'usufruit portait sur un troupeau, une universalité, d'où la conséquence qu'il n'en est pas tenu s'il n'a pour objet qu'un nombre de têtes déterminé [1].

SECTION III.

Comment l'usufruit prend fin.

SOMMAIRE.

---

[1] Toullier, tome 6, n. 435.

250. La propriété serait illusoire si l'usufruit n'avait pas un terme. Son extinction est tantôt prononcée par la loi ; tantôt elle est la conséquence des faits de l'usufruitier dont l'appréciation est laissée aux tribunaux, et alors c'est par eux qu'elle doit être prononcée. Je m'occuperai d'abord des causes légales d'extinction de l'usufruit.

251. Ces causes sont :

1° *La mort naturelle de l'usufruitier* (art. 617).

L'usufruit est un droit personnel qui ne doit pas survivre à la personne. C'est le propriétaire qui doit prouver le décès de l'usufruitier. Jusque là les fruits seront perçus par les représentans ou ayans-cause de ce dernier. La loi, en effet, n'a pas soumis l'usufruitier, comme le créancier d'une rente viagère (art. 1983), à justifier de son existence.

La mort naturelle éteint l'usufruit, lors même qu'il aurait été constitué pour un temps déterminé dont le terme serait encore éloigné. La raison qui en a déjà été donnée est que l'usufruit n'est qu'un droit purement personnel. Si cependant, dans ce cas, il résultait de l'acte de constitution que les représentans de l'usufruitier doivent avoir la jouissance jusqu'au terme convenu, cette convention devrait, sans nulle difficulté, recevoir son exécution.

252. 2° *La mort civile de l'usufruitier* (id.).

Elle fait perdre à l'usufruitier la propriété de tous les biens qu'il possédait (art. 25), parmi lesquels figurait l'usufruit.

Il existe, à cet égard, une différence remarquable entre l'usufruit et la rente viagère qui ne s'éteint pas par la mort civile de celui auquel elle est due (art. 1982). Un auteur [1] trouve entre les articles 617 et 1982 une sorte de disparate qu'il désirerait voir disparaître du Code. Un autre [2] explique cette différence par celle qui existe ordinairement dans

---

(1) Toullier, tome 3, n° 446.

(2) M. Proudhon, tome 4, n° 1972 et suiv.

les causes constitutives de l'usufruit et de la rente viagère, l'usufruit étant le plus souvent établi à titre gratuit, et la rente viagère presque toujours à titre onéreux. Mais c'est dans l'intention présumée des constituans qu'il faut surtout chercher la raison de cette différence; et il serait difficile de supposer que, dans la constitution d'une rente *viagère*, on ait eu en considération autre chose que l'existence naturelle du créancier.

Aussi faut-il reconnaître, malgré le texte cité, que si les termes constitutifs d'un usufruit indiquent qu'il a été établi pour toute la durée de l'existence naturelle de l'usufruitier, il ne s'éteindra pas par sa mort civile [1].

Mais, dans ce cas, est-ce l'usufruitier lui-même ou ses représentans qui, après sa mort civile, profiteront de l'usufruit?

La question ne peut présenter aucune difficulté, si l'usufruit a été constitué à titre d'alimens que la loi (art. 25) déclare le mort civilement capable de recevoir.

S'il a été constitué autrement, on a fait [2] une distinction entre celui qui a été constitué à titre onéreux, et celui qui l'a été à titre gratuit. On a dit que, dans le premier cas, les héritiers du mort civilement en profitent jusqu'à son décès, parce que jus-

---

(1) M. Duranton, tome 4, n. 651. — M. Proudhon, tome 4, n° 1975, etc.

(2) M. Duranton, t. 4, n° 652, 653.

qu'alors il fait partie du patrimoine de l'usufruitier
que la loi transmet à ses héritiers. Mais s'il a été
constitué à titre gratuit, on prétend que, tant que
dure la mort civile, c'est le donateur qui profite de
l'extinction ou de la suspension de l'usufruit, puisque, par la donation, le donateur n'a eu en vue que
le donataire et nullement ses héritiers.

Cette distinction qui présente bien quelque chose
d'équitable ne me paraît avoir aucun fondement dans
la loi et me semble contrarier même les principes
généraux.

Il résulte en effet de ces principes, que la mort
civile fait passer aux héritiers du mort civilement
tous les droits que celui-ci pouvait exercer. Ils ne
recevraient d'exception qu'autant qu'elle serait écrite
dans la loi ou qu'elle résulterait de la convention.
Or, la loi est muette, et je raisonne dans l'hypothèse
qu'il n'y pas a eu de convention.

Si l'usufruit constitué pour alimens ne passe pas
aux héritiers du mort civilement, c'est parce que la
loi s'est expliquée, et ses motifs sont qu'un tel usufruit est rigoureusement personnel à l'usufruitier,
si bien qu'il ne peut pas même être saisi par ses
créanciers, ni aliéné par lui. Mais ce privilége
n'existe pas pour l'usufruit qui n'a pas des alimens
pour objet. Celui-ci peut être saisi, aliéné ; il n'est
donc pas rigoureusement inhérent à la personne de
l'usufruitier. Dès-lors, l'intention présumée du donateur, inefficace pour empêcher la saisie, l'aliénation, ne suffirait pas pour priver les héritiers du

mort civilement d'un droit que la loi leur attribue.

253. 3º *L'expiration du temps pour lequel l'usufruit a été accordé* (id.).

La convention des parties est une loi pour elles. Il faut même reconnaître, dans ce cas, que le décès de l'usufruitier arrivant avant cette expiration met fin à l'usufruit qui, ainsi que nous l'avons déjà vu, est un droit personnel. Pour que dans ce cas les héritiers de l'usufruitier en profitassent jusqu'au terme convenu, il faudrait qu'il y eût eu, à cet égard, une convention expresse.

Il en est d'une condition résolutoire sous laquelle l'usufruit a été constitué et qui se vérifie, comme de l'expiration du temps. La raison de décider est absolument la même.

254. 4º. *La consolidation ou la réunion sur la même tête, des deux qualités d'usufruitier et de propriétaire* (id.).

Ainsi, l'usufruitier devient héritier, par exemple, de celui qui doit l'usufruit, ou réciproquement, l'usufruit s'éteint, parce que le même individu ne peut pas être à la fois créancier et débiteur de la même chose. C'est d'ailleurs une servitude qu'on ne peut pas se devoir à soi-même : *Res sua nemini servit.*

Mais si, par suite d'un événement quelconque, les deux qualités de propriétaire et d'usufruitier ces-

Tit. III, *De l'usuf., de l'usage et de l'habit.* 153

sent d'être réunies; si, par exemple, un testament qui aurait rendu l'usufruitier propriétaire de la chose sujette à l'usufruit est annulé, l'usufruit renaît sans aucune difficulté [1].

255. 5° *Le non usage du droit pendant trente ans* (id.), c'est-à-dire, la prescription trentenaire qui éteint toutes les actions personnelles et réelles (art. 2262).

L'usufruit d'un immeuble étant lui-même immeuble (art. 526), les règles de la prescription des immeubles lui sont applicables. Le non usage de l'usufruitier, pendant dix ou vingt ans, peut donc éteindre son droit en faveur d'un tiers détenteur qui réunit les conditions voulues par les articles 2265, 2266.

L'usufruit d'une chose mobilière peut aussi être perdu par le non usage pendant trois ans, par application du principe de l'article 2279.

256. 6° *La perte totale de la chose sur laquelle l'usufruit est établi* (id.)

Car si la perte n'avait lieu qu'en partie, l'usufruit continuerait de subsister sur la partie conservée (art. 623).

257. A ces causes d'extinction de l'usufruit, qu'énumère l'article 617, il faut ajouter les suivan-

___

(1) L. 57, ff. *de usuf.* — Toullier, t. 3, n° 456, etc., etc.

tes qui sont aussi fondées sur la loi, ou sur les règles générales du droit : 1º la résolution du droit de celui qui l'a constitué; si, par exemple, il est reconnu que le constituant n'était pas propriétaire de la chose sur laquelle l'usufruit a été établi. Il n'a pas pu céder à l'usufruitier un droit qu'il n'avait pas lui-même : *Nemo in alium plus juris tranferre potest quam ipse habet.*

Il peut cependant arriver que, même dans ce cas, le droit de l'usufruitier survivra à celui du constituant, ce qui se vérifiera lorsque l'usufruitier réunira les conditions voulues pour la prescription.

258. 2º La renonciation de l'usufruitier à son droit. Nous verrons à cet égard les dispositions des articles 621, 622.

259. J'ai déjà dit que les faits purement personnels de l'usufruitier peuvent amener l'extinction de l'usufruit. Il pourra cesser si l'usufruitier abuse de sa jouissance, soit en commettant des dégradations sur le fonds, soit en le laissant dépérir faute d'entretien (art. 618).

Il était impossible que la loi spécifiât les cas dans lesquels il y a abus de jouissance; et les tribunaux ont, à cet égard, un pouvoir discrétionnaire. Mais on doit reconnaître qu'il faut des circonstances graves, de grandes dégradations pour que l'extinction du droit soit prononcée. Il faut, en quelque sorte, que la substance de la chose soit altérée et que l'usufruitier ait manqué à sa principale obligation qui est de conserver cette substance.

260. Il n'y a pas de distinction à faire lorsqu'il y a abus de jouissance, entre l'usufruit établi à titre gratuit et celui qui l'a été à titre onéreux, entre l'usufruit ordinaire et la jouissance légale des père et mère. L'extinction peut être également prononcée dans tous les cas. Ces circonstances pourront seulement être prises en considération, dans l'application de la loi, en vertu de laquelle les juges peuvent, suivant la gravité des circonstances, ou prononcer l'extinction absolue de l'usufruit, ou n'ordonner la rentrée du propriétaire dans la jouissance de l'objet qui en est grevé, que sous la charge de payer annuellement à l'usufruitier ou à ses ayant-cause, une somme déterminée jusqu'à l'instant où l'usufruit aurait dû cesser (*id*).

261. Si l'usufruit a été constitué en faveur de deux personnes appelées à en profiter successivement, l'abus de jouissance de la part du premier usufruitier, autorise l'action en déchéance par le propriétaire et par le second usufruitier. Car ils ont l'un et l'autre intérêt à l'exercer. Mais c'est le propriétaire et non le second usufruitier qui profitera de la déchéance, le droit de ce dernier ne devant s'ouvrir qu'au décès de l'autre [1].

(1) M. Proudhon, tome 5, n° 2448.

262. Cette déchéance ne devrait pas être aussi rigoureusement prononcée , si l'usufruitier ne jouit pas personnellement , mais par l'intermédiaire d'un tiers , surtout s'il a pu ignorer l'abus de jouissance de son représentant , et mieux encore s'il n'a pas pu l'empêcher.

Dans ces divers cas, des dommages-intérêts seront toujours dûs par l'usufruitier lui-même , pour réparation des dégradations commises par le tiers qui le représente , ce qui ne s'appliquerait pas au cas où elles seraient le résultat d'une usurpation qui constituerait un cas de force majeure.

Mais le propriétaire qui a affermé le fonds grevé d'usufruit et que l'éloignement ou d'autres circonstances ont empêché de connaître l'administration du fermier , quoique , en droit rigoureux , il soit responsable de la gestion , ne devrait pas être aussi sévèrement traité que si l'abus de jouissance lui était personnel , pourvu que d'ailleurs il eût pris les garanties convenables. Il en est de même , et à plus forte raison , de l'abus de jouissance du père qui a l'usufruit légal des biens de ses enfans , du mari qui a la jouissance de la dot de sa femme , d'un tuteur qui a l'administration des biens de son pupille [1].

363. Si l'usufruit est constitué sur une univer-

---

(1) M. Proudhon , tome 5, n° 2450 et suiv.

salité de biens ou sur plusieurs objets distincts les uns des autres , l'abus de jouissance d'une partie ou de certains objets ne doit pas entraîner l'extinction totale de l'usufruit. La peine ne serait pas alors proportionnée à la faute , et il convient que les juges prennent , dans ce cas, un tempéramment équitable [1].

264. Lorsque la contestation s'engage par suite de l'abus de jouissance de l'usufruitier , entre lui et le propriétaire qui réclame la déchéance , les créanciers de l'usufruitier peuvent intervenir pour la conservation de leurs droits ; ils peuvent offrir la réparation des dégradations commises et des garanties pour l'avenir (*id.*).

Cette disposition prévient les effets de la collusion de l'usufruitier et du propriétaire , qui pourrait préjudicier aux droits de ces créanciers, dont le gage disparaîtrait ou diminuerait par l'extinction de l'usufruit. Leur intervention est fondée sur le principe consacré par les articles 1166 et 1167. Il n'est pas même nécessaire , pour qu'elle soit recevable et efficace , qu'il y ait fraude contr'eux ; il suffit qu'ils soient exposés à une perte. Les juges peuvent décider , d'après les circonstances , si, moyennant leur offre d'indemnité pour les dégradations faites et des

(1) Toullier, tome 3 , no 468. — M. Proudhon , tome 5 , no 2460 et suiv.

garanties telles que des cautions ou hypothèques, ils peuvent être autorisés à jouir à la place de l'usufruitier, ou bien si la jouissance de ce dernier doit continuer. Mais l'offre de cette indemnité et de ces garanties ne doit pas toujours empêcher l'extinction où la modification de l'usufruit. Les juges n'en conservent pas moins le droit que la loi leur attribue à cet égard. [1].

265. Par une conséquence du principe qui interdit les constitutions à perpétuité de l'usufruit, parce qu'elles rendraient la propriété illusoire, l'usufruit qui n'est pas accordé à des particuliers, mais à une personne morale, comme une commune, un hospice dont l'existence est illimitée, ne dure que trente ans (art. 619). Anciennement cet usufruit durait cent ans.

266. Au reste, il est sujet à extinction pour les causes qui entraînent celle de l'usufruit des particuliers, telles que l'abus de jouissance, la suppression de l'établissement équivalente au décès de l'usufruitier, lors même qu'elle aurait lieu avant trente ans, et autres causes que j'ai fait connaître.

267. La durée d'un usufruit peut être fixée,

(1) Toullier, tome 3, n° 466. — M. Duranton, tome 4, n° 697.

dans l'acte qui le constitue , jusqu'à l'époque où un tiers , c'est-à-dire une autre personne que l'usufruitier , ait atteint un âge déterminé. Dans ce cas, le décès du tiers avant l'âge fixé , ne met pas un terme à l'usufruit qui dure jusqu'à l'époque où le tiers aurait atteint l'âge dont il s'agit (art. 620).

C'est en effet l'intention du constituant qu'il faut rechercher dans une semblable clause ; et il est bien manifeste que ce n'est pas l'existence du tiers désigné qu'il a prise en considération , mais qu'il a voulu assigner à l'usufruit une durée certaine et limitée.

Il faut appliquer ici ce qui a été déjà dit pour des cas analogues , que le décès de l'usufruitier survenant avant celui du tiers met fin à l'usufruit.

Nous avons vu (t. 1, nº 508) que l'article 620 ne régit pas l'usufruit légal des père et mère. Cet article ne serait pas , non plus, applicable au cas où l'existence du tiers pourrait être considérée , d'après la convention , comme une condition de l'usufruit.

268. Quelles que soient les dispositions faites par le propriétaire de la chose sujette à l'usufruit, qu'il la vende , la donne , l'échange , la lègue , le droit de l'usufruitier reste intact ; sa possession ne doit recevoir aucune atteinte (art. 621). Le propriétaire ne peut faire autre chose que mettre une autre personne à sa place, et celle-ci n'a pas plus de prérogatives que lui. Elle ne pourrait pas même invoquer sa bonne foi contre l'usufruitier , à moins qu'elle n'y réunît les autres conditions voulues pour la prescription.

269. Il est loisible à l'usufruitier de renoncer à son usufruit; mais il faut que cette renonciation soit formelle (*id.*).

270. Ainsi, la présence et le concours de l'usufruitier à l'acte par lequel le propriétaire céderait la propriété pleine et entière, ne suffiront pas toujours pour constituer la renonciation à l'usufruit. Si, par exemple, c'est comme témoin seulement que l'usufruitier a figuré dans cet acte, il conserve son droit. Mais s'il y intervient sans motif apparent, sans nécessité, si la vente est de la pleine propriété sans qu'il déclare son droit d'usufruit, et s'il donne son consentement à l'aliénation, on devra reconnaître, dans ces circonstances, une renonciation formelle. Sa présence à l'acte ne pourra pas alors être supposée avoir eu une autre cause; et si, plus tard, il voulait prétendre que sa renonciation doit être réputée non avenue, parce qu'elle n'a pas été formelle, on lui répondrait avec raison que son silence est une preuve de complicité de fraude, et qu'il doit en être puni par la perte de son usufruit.

Il devrait en être de même dans le cas où l'usufruitier aurait retenu, en qualité de notaire, l'acte d'aliénation qui serait muet sur l'usufruit [1]

(1) M. Proudhon, tome 5, n° 2176 et suiv.

271. Mais est-il nécessaire que la renonciation à l'usufruit soit acceptée par celui qui doit en profiter?

Cette question me paraîtrait devoir être résolue affirmativement, si la renonciation était faite en faveur d'un autre que le propriétaire. Faite à titre onéreux, elle serait censée subordonnée à une condition, l'acceptation de la charge imposée; Faite à titre gratuit, ce serait une véritable donation sujette, en vertu des principes généraux, à l'acceptation. Mais il y a plus de difficulté, ce me semble, à décider que si elle a lieu en faveur du propriétaire, elle ne devient irrévocable que par l'acceptation de celui-ci. C'est alors moins une aliénation que le terme d'une modification subie par la propriété qui reprend tous ses effets. De cela qu'une telle renonciation n'impose aucune obligation au propriétaire, qu'elle est tout avantage pour lui, ne doit-on pas dire que l'acceptation se présume de droit aussi bien que naturellement? Cependant l'opinion contraire a été soutenue [1], toutefois avec une distinction entre le cas où l'usufruit aurait été accepté par le renonçant et celui où il ne l'aurait pas encore été. Si ce sentiment devait prévaloir, il me paraît hors de doute qu'une acceptation tacite, celle qui résulterait, par exemple, de la rentrée en possession du propriétaire devrait suffire.

---

(1) M. Proudhon, tome 5, n° 2220-2221.

11

272. Le motif qui a fait permettre aux créanciers de l'usufruitier d'intervenir pour s'opposer à l'extinction de l'usufruit, ou pour la faire modifier, explique la disposition qui leur donne le droit de faire annuler la renonciation faite à leur préjudice, disposition qui n'est d'ailleurs qu'une application du principe général de l'article 1167 (art. 622). Ce droit n'est accordé qu'à ceux qui se trouvaient créanciers au moment où la renonciation a eu lieu ; et, en les désintéressant, on peut les réduire au silence.

273. Nous avons déjà vu que lorsqu'une partie seulement de la chose sujette à l'usufruit est détruite, l'usufruit se conserve sur ce qui reste. Ce principe n'est pas contrarié par la loi suivant laquelle l'usufruit établi particulièrement sur un bâtiment qui est détruit par un incendie, ou autre accident, ou qui s'écroule de vétusté, est absolument éteint, et l'usufruitier n'a le droit de jouir ni du sol, ni des matériaux (art. 624). On ne peut pas dire en effet alors que ce sol et ces matériaux font partie de la chose. L'usufruit avait pour objet un bâtiment et le sol ou les matériaux, quoique indispensables à la construction du bâtiment, n'en sont pas une partie intégrante. Les débris de la chose dont la substance est changée n'en pouvant donc pas être réputés une partie, échappent à l'usufruit. Il en serait autrement, si une partie quelconque du bâtiment avait été préservée de la destruction ; car l'article cité ne peut recevoir son application que lorsqu'il s'agit de sa destruction entière.

274. L'usufruit ainsi éteint ne revivrait pas si un bâtiment semblable à celui qui a été détruit était reconstruit, sur le même emplacement, avec les mêmes matériaux. Vainement on objecterait contre cette opinion, l'article 704 suivant lequel les servitudes revivent, si les choses sont rétablies de manière qu'on puisse en user. La substance de la chose sujette à l'usufruit a péri, et le droit de l'usufruitier ne peut pas être transporté sur une autre substance. Nous verrons quand il en sera temps que la même raison ne s'applique pas aux cas pour lesquels est fait l'article 704.

275. L'usufruitier n'aurait pas même le droit de jouir du sol en offrant de reconstruire, à ses frais, le bâtiment détruit.

276. Mais si le bâtiment n'était pas l'objet principal de la constitution d'usufruit, comme si l'usufruit avait été établi sur un domaine dont le bâtiment faisait partie, l'usufruitier jouirait du sol et des matériaux (*id.*). Le sol et les matériaux font partie en effet du domaine.

277. Les mêmes principes sont applicables à un étang qui a cessé d'être tel. Si c'est sur l'étang spécialement que l'usufruit a été établi, il cesse par ce changement. Mais si l'étang dépend d'un domaine soumis à l'usufruit, le terrain que l'eau couvrait y reste sujet. (1)

CHAPITRE II.

De l'usage et de l'habitation.

SOMMAIRE.

---

(1) L. 10, § 3, ff. *quib. mod. ususf. amitt.* — M. Duranton, tome 4, n° 686.

278. L'usage peut exister en faveur de particuliers, ou en faveur de communes ou d'établissemens publics. Les règles qui le concernent ne sont pas les mêmes dans les deux cas. Je m'occuperai d'abord de l'usage établi pour des particuliers, dont au surplus, il y a fort peu d'exemples.

279. On appelle ainsi : le droit de prendre sur les produits du bien d'autrui, les moyens de soutenir son existence.

280. L'usage a des points de ressemblance avec

l'usufruit, comme il en diffère sous certains rapports.
Je signalerai d'abord les points de ressemblance.

1º Le droit d'usage s'établit et se perd de la même
manière que l'usufruit (art. 625). Tels sont les termes de la loi qu'il convient néanmoins de rectifier
en ce sens, qu'il n'y a pas un droit d'usage établi par
la loi, sauf le cas tout spécial de l'article 1465,
comme il y a l'usufruit légal des père et mère. Mais
d'ailleurs, de même que l'usufruit, l'usage se constitue valablement par toute sorte d'actes, par acte
entre-vifs ou de dernière volonté, par actes authentiques ou privés, purement et simplement, ou à
temps, ou sous condition.

281. 2º Comme l'usufruitier, l'usager doit donner caution et faire, avant d'entrer en jouissance,
des états et inventaires (art. 626). Cependant ces
états et inventaires ne seraient pas nécessaires, si
l'usager n'était pas personnellement en possession de
la chose sujette à l'usage, et si son droit était borné
à recevoir des produits dont la remise lui serait
faite [1]. S'il ne trouve pas de caution, les juges pourraient lui laisser, sous sa simple caution juratoire,
comme dans le cas de l'article 603, la partie des
meubles qui serait nécessaire à son usage, à la
charge par lui de la représenter à l'extinction de son
droit. Mais les autres mesures que prescrit la loi

---

[1] M. Duranton, tome 5, n. 37.

(art. 602) pour les cas où l'usufruitier ne trouve pas de caution, telles que la mise à ferme ou en sequestre des immeubles et autres, ne seraient pas applicables en cas d'usage. Il suffirait, dans ce cas, d'assurer à l'usager une prestation annuelle de fruits dans la proportion de ses besoins [1].

282. 3° L'usager doit jouir, comme l'usufruitier, en bon père de famille (art. 627). L'abus de jouissance exposerait donc l'usager à la perte de son droit.

283. 4° S'il absorbe tous les fruits du fonds, il est assujetti aux frais de culture, aux réparations d'entretien, et au paiement des contributions, comme l'usufruitier. S'il ne prend qu'une partie des fruits, il contribue au prorata de ce dont il jouit (art. 635). Dans le cas où ces frais et ces charges excéderaient les bénéfices de l'usage, l'usager qui en est tenu n'aurait de recours à exercer contre personne à cet égard, et il ne pourrait s'en affranchir que par l'abandon de son droit.

284. L'étendue du droit d'usage peut être réglée par la convention. Elle est déterminée par la loi, si le titre qui le constitue ne s'explique pas à cet égard. (art. 629).

---

(1) M. Proudhon, tome 6, n° 2785.

285. Ici, je signalerai les principales différences qui existent entre l'usage dont l'étendue est déterminée par la loi et l'usufruit.

1º Tandis que l'usufruitier d'un fonds fait siens tous les fruits qu'il produit, l'usager des fruits d'un fonds ne peut en exiger qu'autant qu'il lui en faut pour ses besoins et ceux de sa famille, ainsi que pour les besoins des enfans que lui sont survenus depuis la concession de l'usage (art. 630).

286. On entend ici par *famille* l'époux, les enfans légitimes, naturels ou adoptifs [1] de l'usager, ainsi que les domestiques attachés à son service. On s'accorde assez généralement à reconnaître que les ascendans, et à plus forte raison, les autres descendans, parens ou alliés, ne sont pas compris dans cette désignation [2], parce que la loi n'aurait considéré ici que la famille dont l'usager est le chef, ce qui ne peut pas se dire des ascendans ni des petits-enfans. Cependant, si l'usager avait dans sa maison des ascendans ou des petits enfans sans ressources, et à l'entretien desquels il serait obligé de fournir, il serait inhumain et contraire à l'esprit de la loi de ne pas les faire participer aux avantages de l'usage. La question, au surplus, dépendrait des circonstan-

---

(1) M. Duranton, tome 5, nº 19. — M. Proudhon, tome 6, nº 2279 n'y comprend pas les enfans naturels et adoptifs.

(2) MM. Proudhon, tome 5, nº 2276. — Duranton, tome 5, n. 19.

ces qu'apprécieraient souverainement les tribunaux.

287. 2° L'usufruitier peut céder à autrui l'exercice
de son droit. Mais il est interdit à l'usager de céder
ou louer son droit à un autre (art. 631). On explique facilement cette différence en remarquant que
l'usufruitier ayant tous les produits d'un fonds , il
importe peu au propriétaire qu'ils soient perçus par
l'usufruitier ou par tout autre que lui , tandis que
l'usage étant restreint aux besoins de l'usager et de
sa famille , le droit est fixe et limité , et la cession
qui en serait faite pourrait changer ou augmenter
les charges de la propriété.

Mais cette prohibition de transporter à un autre
l'exercice du droit d'usage qui produit ses effets lorsqu'un usage est établi purement et simplement et
sans aucune modification particulière , cette prohibition n'est pas d'ordre public , et la cession du droit
peut être autorisée par le titre qui le constitue. Cette
cession ne peut amener aucune dificulté , en ce qui
concerne l'étendue du droit du cessionnaire, si l'usager
absorbait tous les fruits du fonds. Car il est alors indifférent pour le propriétaire que la perception en
soit faite par l'usager ou par un autre. Il n'y aurait
pas même d'inconvénient, dans ce cas, à reconnaître
à l'usager, sans qu'il y soit autorisé par le titre, le
droit de céder ou louer l'exercice de son droit [1].

_____

(1) M. Proudhon , tome 6 , n° 2767.

Mais s'il en est autrement, si l'usage n'avait pour objet qu'une partie des fruits, l'étendue du droit cédé doit être fixée amiablement avec le propriétaire, et au cas de contestation, en justice, par les voies ordinaires.

288. Du principe qui interdit la cession de l'usage, dérivent plusieurs conséquences. L'usage ne peut pas être saisi par les créanciers de l'usager. Cette saisie devrait en effet nécessairement aboutir à la vente qui est défendue. Cette opinion peut encore être fondée sur cette raison que l'usage étant calculé sur les besoins de l'usager, et devant conséquemment fournir à ses besoins, peut être considéré comme des aïimens qui sont insaisissables ; par la même raison, l'usage d'un fonds ne peut pas être hypothéqué. L'usage diffère donc encore de l'usufruit, sous ces deux rapports [1].

Mais l'usage peut être saisi ou hypothéqué, lorsque son aliénation est autorisée par le titre constitutif.

289. 3° Ce droit étant toujours proportionné aux besoins de celui en faveur duquel il est établi, sa nature ne permet pas qu'il soit constitué à titre universel. Il doit l'être à titre particulier. D'où il résulte qu'à la différence de l'usufruitier universel ou à titre

---

[1] M Duranton, tome 5, n° 22-23.

universel, l'usager n'est pas personnellement tenu des dettes de son auteur.

290. 4° L'usage diffère encore de l'usufruit, en ce qu'il peut être constitué à perpétuité. La raison qui défend une semblable constitution de l'usufruit n'est pas applicable à l'usage qui, étant limité de sa nature, laisse certains avantages à la propriété. Il suit de là que la disposition de l'article 619 ne s'applique pas à l'usage.

291. Dans le cas où la propriété d'un fonds serait léguée à une personne, l'usufruit à une seconde et l'usage à une troisième, c'est l'usager qui, à l'exclusion des autres, profitera des produits dans la proportion de ses besoins. Il existe une loi romaine qui est formelle à cet égard [1]. Les raisons de cette solution sont que le droit d'usage est indivisible, est à l'usufruit ce que l'espèce est au genre, ce que le legs particulier est au legs universel [2].

292. La question de savoir si l'usager avait le droit de disposer des fruits, après les avoir perçus, a été fort controversée. L'affirmative était fondée sur le texte de la loi 22 *ff. de usu et habit.* qui permet à l'usager d'une forêt de vendre le bois qu'il a coupé.

***

(1) L. 42, ff. *de usufr.*
(2) MM. Proudhon, t. 6, n° 2742. — Duranton, t. 5, n° 13.

Mais pour l'opinion contraire, on soutenait que cette loi n'était faite que pour un cas particulier, celui où la forêt était considérablement éloignée de la demeure de l'usager, et cette opinion, suivant laquelle l'usager ne peut disposer des fruits que pour sa consommation, a encore des partisans [1].

Je ne crois pourtant pas qu'elle doive être suivie d'une manière trop absolue; et il peut se présenter des cas où la situation de l'usager et l'intention présumée du constituant ne permettront pas de l'admettre. Supposons l'usage d'un bois légué à une personne dont toute la fortune consiste d'ailleurs en bois. L'usager pourra vendre les produits du bois légué, dans la proportion de ses besoins relatifs et en employer le prix à satisfaire d'autres besoins. Autrement, le legs pourrait être sans utilité pour le légataire, et le propriétaire n'éprouve aucun préjudice de ce mode de jouissance. Autre exemple : un testateur a légué à un chef de famille, sans aucuns moyens d'existence, l'usage d'un fonds très-étendu et tout complanté en vignes. Devrait-on décider que l'usager n'a droit qu'à la quantité de vin qu'il peut raisonnablement consommer? Je ne le pense pas, et la loi me paraît devoir être autrement entendue. En disant que l'usager des fruits d'un fonds peut en exiger autant qu'il lui en faut pour ses besoins et ceux de sa famille (art. 630), la loi a entendu par-

---

[1] **M.** Duranton, tome 5, n° 25.

ler des besoins en général ; elle a voulu que les fruits du fonds procurassent à l'usager les moyens nécessaires de subsistance qu'il n'aurait pas d'ailleurs, tout ce qu'on doit entendre par alimens. Ainsi, dans l'exemple donné, l'usager pourra vendre une partie du vin produit par le fonds pour acheter du froment, des vêtemens ou autres choses nécessaires. Le texte de la loi ne répugne pas à cette interprétation, conforme d'ailleurs à la raison et à l'humanité.

293. Tantôt l'usager administrera le fonds sujet à l'usage et remettra au propriétaire l'excédant de ses besoins ; tantôt c'est le propriétaire qui gérera le fonds et qui remettra à l'usager la part de fruits nécessaires à ses besoins. Le premier mode d'administration aura lieu si la plus grande partie des fruits du fonds doit appartenir à l'usager ; le second, dans le cas contraire [1].

294. Des lois particulières règlent l'usage des bois et forêts constitué en faveur de particuliers ou d'éta_ blissemens publics (art. 636). C'est le nouveau code forestier promulgué le 31 juillet 1827, et dont l'article 218 a abrogé les anciennes lois sur cette matière. Il n'entre pas dans le plan de cet ouvrage de présenter, sur cette espèce d'usage, des détails qui m'en_ traîneraient trop loin de mon sujet, et je dois me

---

(1) M. Proudhon, tome 6, n° 2760.

contenter d'indiquer les sources de cette législation spéciale. Je me contenterai de dire que cet usage est bien moins rare en faveur des communes ou autres établissemens publics qu'en faveur de particuliers.

295. J'ai à parler maintenant du droit d'habitation dans une maison qui n'est pas plus commun que le droit d'usage en faveur de particuliers. Celui qui a un tel droit peut demeurer dans cette maison avec sa famille, quand même il n'aurait pas été marié à l'époque où il lui a été donné (art. 632).

296. Ce droit s'établit et se perd comme l'usage (art. 625). Les dispositions relatives à la caution, aux inventaires et états (art. 626), au mode de jouissance (art. 627), lui sont communes avec l'usage. Son étendue, comme celle de l'usage, peut être déterminée par le titre constitutif (art. 628). Si le titre ne s'explique pas à cet égard, l'article 632 déjà cité, en détermine l'étendue, et il est restreint à ce qui est nécessaire à cette habitation (art. 633). Lorsqu'il occupe la totalité de la maison, celui qui a un droit d'habitation est assujetti, comme l'usufruitier, aux réparations d'entretien et aux impôts. S'il n'en occupe qu'une partie, il contribue au *prorata* de ce dont il jouit (art. 635). Enfin, de même que l'usage et par les mêmes raisons, le droit d'habitation ne peut être ni cédé, ni loué (art. 634).

297. Les articles 1465 et 1570 établissent, pour

Tit. **III.** *De l'usuf., de l'usage et de l'habit.* 175

les cas qu'ils prévoient , une sorte de droit d'habitation légal.

298. Quoique ce droit, s'il n'a p as reçu plus d'é-tendue par le titre qui le constitue , se restreigne en principe à l'habitation , celui qui l'exerce doit avoir aussi la jouissance proportionnée des objets qui peuvent être considérés comme les accessoires de la maison, tels que cour , colombier, vivier, jardin [1]. Pour sa fixation , on doit avoir égard à la position de celui en faveur duquel il est établi , ainsi qu'à l'usage des lieux. On doit même se montrer moins sévère à cet égard envers l'habitant qu'envers l'usager; car l'habitation est, de sa nature , moins onéreuse que le droit d'usage [2].

TITRE IV.

Des servitudes ou services fonciers.

SOMMAIRE.

299. *Transition. Objet de ce titre.*
300. *Définition de la servitude.*
301. *Motifs qui ont fait admettre les servitudes.*
302. *Importance de cette matière.*

(1) M. Proudhon , tome 6 , n° 2807 et suiv.
(2) M. Proudhon , tome 6 , n° 2824.

299. Nous avons vu, dans le titre précédent, comment la propriété peut être modifiée en faveur des personnes qui exercent un droit réel sur la chose d'autrui ; et nous savons aussi les motifs qui ont porté le législateur à ne pas désigner ce droit sous le nom de *servitude* (n° 145). Ses précautions ont été même telles que , dans le présent titre où il est question des modifications dont les propriétés foncières sont susceptibles , en faveur d'autres propriétés foncières , l'expression *servitudes* , la seule qui caractérise ces modifications, est adoucie par ces mots *services fonciers* , ainsi que je l'ai déjà fait observer.

300. La servitude est définie par le Code : une charge imposée sur un héritage , pour l'usage et l'utilité d'un héritage appartenant à un autre propriétaire (art. 637).

301. Avant de faire ressortir l'exactitude de cette définition , je rappellerai le motif important qui a fait introduire les servitudes et qui justifie ces dérogations à un droit d'ailleurs sacré , le droit de propriété. C'est , dans certains cas , l'intérêt de l'agriculture , dans d'autres , la nécessité de sacrifices réciproques que se doivent les hommes vivant en société.

302. Les lois romaines offrent , sur cette matière , un nombre infini de dispositions. Sans être aussi étendue , elle est encore vaste dans notre législation , et ses principes , d'une application journalière , méritent une attention et une étude particulières.

12

303. La servitude est une *charge*, c'est-à-dire un embarras pour la propriété. C'est un droit réel comme l'hypothèque, mais avec cette différence que la servitude gêne la possession du propriétaire, tandis que l'hypothèque ne porte aucune atteinte à cette possession. C'est un droit incorporel qui n'a aucune existence, qui n'est susceptible d'aucune utilité, sans la propriété qui en est grevée. La servitude ne peut donc pas être hypothéquée comme l'usufruit, qui n'est pourtant lui-même qu'une modification de la propriété.

304. La servitude étant une charge incorporelle doit être distinguée de la propriété souterraine ou superficiaire dont s'occupe l'article 553. Cette propriété est une partie matérielle de la propriété principale, tandis que la servitude n'est que la modification de son exercice.

305. Il ne faut pas non plus confondre avec la servitude, le droit qu'on peut avoir sur une chose commune à plusieurs, comme sur l'escalier ou l'allée d'une maison dont les divers étages appartiennent à différens propriétaires, ou sur d'autres objets dont l'intérêt commun rend l'indivision forcée. Ce droit est celui de co-propriété.

306. Par le mot *héritage*, employé deux fois dans l'article 637, la loi a voulu désigner un immeuble réel, et non pas un immeuble fictif. Celui auquel la servitude est due est l'héritage *dominant*, celui qui la doit l'héritage *servant*.

307. Cependant, à l'exercice de la servitude près, aucun de ces fonds n'a d'avantage sur l'autre. C'est ce que la loi a voulu dire en disposant qu'aucune servitude n'établit de prééminence d'un héritage sur l'autre (art. 638). L'expression de ce principe eût été même inutile si, lorsque le Code fut rédigé, on n'avait pas encore été rapproché du régime sous lequel les prérogatives de la féodalité avaient fait diviser les biens, comme les personnes, en nobles et en roturiers.

308. D'après la loi, la servitude doit avoir pour objet l'usage et l'utilité d'un héritage. Mais ces expressions ne sont pas restrictives, et le simple agrément peut être pris en considération dans son établissement [1]. Il faut bien observer néanmoins qu'il est indispensable que l'héritage dominant retire un avantage de la servitude, sans quoi elle ne serait pas reconnue par la loi.

309. Enfin, les deux héritages doivent appartenir à des propriétaires différens. Ce n'est pas en effet à titre de servitude qu'on use de sa propre chose, mais à titre de maître : *res sua nemini servit jure servitutis.*

---

[1] Toullier, tom. 3, n° 589.

310. En général, tous les héritages peuvent être grevés de servitudes. On ne doit en excepter que ceux qui sont hors du commerce, tant qu'ils conservent la destination qui leur vaut ce privilége, puisque la servitude, modifiant la propriété, est une espèce d'aliénation, et que les biens hors du commerce sont inaliénables. Ainsi les dépendances du domaine public ou du domaine municipal qui ne sont pas hors du commerce sont susceptibles de servitudes comme les propriétés privées [1].

311. La servitude consiste à souffrir ou à ne pas faire, *in patiendo,* ou *in non faciendo.* Elle ne soumet pas le propriétaire du fonds qui la doit à faire quelque chose ; elle ne consiste pas *in faciendo.* Car elle deviendrait alors personnelle de la part de l'obligé, et nous savons déjà que nos principes n'admettent pas des servitudes de cette nature [2].

312. L'indivisibilité des servitudes, considérée par rapport au fonds servant, est une conséquence du principe suivant lequel les exceptions ne doivent pas être étendues au-delà de leurs termes ; les ser-

---

(1) Il ne faut pas se dissimuler que ces principes que j'ai réduits à leur plus simple expression sont pourtant susceptibles de difficultés. *Voyez* Pardessus, *des servitudes*, 4ᵉ éd., nº 34 et suiv. — Toullier, tome 3, nº 473 et suiv.

(2) MM. Durantou, tome 5, nº 462 et suiv. — Pardessus, nᵒˢ 19 et 20.

vitudes sont en effet des exceptions au droit absolu de propriété. Cette indivisibilité est aussi fondée sur l'intérêt du fonds dominant. Plusieurs dispositions de la loi la consacrent sous ce rapport, notamment les articles 709 et 710, desquels il résulte que la jouissance de l'un des copropriétaires par indivis du fonds dominant conserve le droit pour tous. La divisibilité du fonds dominant ne peut pas préjudicier au fonds servant et, par exemple, dans le cas d'un passage dû par un champ à un autre champ appartenant à un seul propriétaire, si ce dernier champ est divisé entre plusieurs, ils devront se concerter de manière à ne pas aggraver, par l'exercice de leur droit, la position du fonds servant (art. 700).

343. Quoique la loi ne donne le nom de servitudes qu'aux charges réelles dont certains fonds sont grevés en faveur d'autres fonds, il est des conventions qui ont pour objet d'assurer aux personnes des droits semblables à ceux qui constituent les servitudes et qui doivent recevoir leur exécution. Ainsi, par exemple, celui qui ne possède aucun héritage, peut valablement stipuler en sa faveur le droit de se promener sur le fonds d'autrui, d'y cueillir des fruits et autres semblables. Ce n'est pas là une servitude, mais une obligation personnelle de la part du propriétaire du fonds, un contrat particulier réglé par les termes de l'acte qui le constate. Cette obligation, à la différence des servitudes, s'éteindra à la mort de celui en faveur de qui elle a été consentie, à moins qu'il n'ait stipulé pour lui-même et pour ses héritiers à perpétuité, ce qu'il a eu le droit de faire. Dans ce dernier cas, la charge imposée différera fort peu d'une servitude proprement dite, et ce n'est qu'en poussant à l'extrême la rigueur du principe qui défend les servitudes personnelles, qu'on peut méconnaître là une véritable servitude personnelle qui n'est pas défendue par la loi. La seule différence qu'il y aurait entre une telle obligation et une servitude, est que celui qui en serait tenu aurait toujours la faculté de s'en affranchir, comme d'une rente, moyennant une somme d'argent, parce que toutes les charges des héritages, autres que les servitudes, sont rachetables, dans les principes généraux de notre droit. Il y aurait quelque difficulté à savoir si le tiers-acquéreur du fonds, sujet à cette obligation, en serait tenu, s'il n'y avait pas été soumis par son acte d'acquisition. M. Toullier, après avoir résolu cette question négativement (t. 3, n° 587), a adopté l'affirmative (t. 6, n° 437). Mais ce n'est pas encore le moment d'examiner cette question [1].

314. La contiguïté du fonds dominant et du fonds servant n'est pas indispensable pour l'établissement

---

(1) M. Duranton, tome 5, n°s 447 et 448. — M. Pardessus, n°s 11 et 12.

d'une servitude. Il suffit qu'il puisse y avoir avantage pour le fonds dominant. Mais, comme nous l'avons déjà vu, cet avantage est une condition nécessaire [1] :

315. Le Code reconnaît trois espèces de servitudes : celles qui dérivent de la situation naturelle des lieux, celles qui sont imposées par la loi et celles qui résultent des conventions entre propriétaires (art. 639).

316. Ce n'est pas sans quelque apparence de raison que cette division a été critiquée, en ce qui concerne les deux premières espèces de servitude s. Car celles de la première espèce, les servitudes qui dérivent de la situation naturelle des lieux n'existent qu'autant qu'elles sont consacrées par la loi. C'est donc la loi qui les impose aussi bien que celles de la seconde espèce. Cependant l'ordre adopté par le Code peut se justifier par cette observation que les premières, déjà commandées par la nature, sont seulement confirmées par la loi, tandis que les secondes ont leur origine dans la loi elle-même.

---

(1) Toullier, tome 3, n° 595. — MM. Duranton, tome 5, n° 454 et suiv. — Pardessus, n°s 15 et 18.

CHAPITRE PREMIER.

Des servitudes qui dérivent de la situation des lieux.

SOMMAIRE.

317. L'objet principal de ce chapitre est d'établir les principes qui régissent les eaux privées, et de déterminer les droits qui peuvent être exercés à cet égard. Il n'y est pas question des eaux qui font partie du domaine public, dont s'occupe l'article 538 et pour lesquelles il existe des lois et règlemens particuliers. Les eaux privées sont considérées ici sous le rapport des servitudes dont elles sont susceptibles.

318. La loi a réglé à cet égard trois cas distincts, qui ont leurs règles spéciales, et qui doivent être

examinés séparément : 1º L'obligation pour les fonds
inférieurs de recevoir les eaux qui découlent naturellement des fonds supérieurs ; 2º Le droit de celui
qui a une source dans son fonds, et les modifications
qu'il peut subir ; 3º Le droit de ceux dont une eau
courante borde ou traverse l'héritage.

319. 1º Les fonds inférieurs sont assujettis, envers ceux qui sont plus élevés, à recevoir les eaux
qui en découlent naturellement, sans que la main
de l'homme y ait contribué. Le propriétaire inférieur ne peut point élever de digue qui empêche
cet écoulement. Le propriétaire supérieur ne peut
rien faire qui aggrave la servitude du fonds inférieur (art. 640).

Ce texte rend plusieurs explications nécessaires.

320. C'est dans la nature elle-même qu'en est le
principe. Car il serait souvent impossible au propriétaire supérieur de contenir les eaux, de les absorber
dans son fonds ; et, dans les cas où il y aurait possibilité , les travaux qu'il faudrait faire pour y
parvenir, pourraient rendre la propriété plutôt onéreuse que profitable. Aussi, par une conséquence
de cette force majeure, le propriétaire inférieur est-
il soumis à l'obligation de recevoir ces eaux, sans
avoir le droit d'exiger une indemnité du propriétaire
supérieur.

321. Mais cette obligation est restreinte aux cas

où ces eaux découlent *naturellement* du fonds supérieur. Elle ne doit donc s'appliquer qu'aux eaux de source ou aux eaux pluviales qui arrivent au fonds inférieur sans qu'aucun ouvrage les conduise jusqu'à l'extrémité du fonds supérieur. Ainsi, le propriétaire du fonds supérieur ne peut pas y creuser des fossés ou des canaux qui conduisent ces eaux jusque chez son voisin ; Il ne peut pas transmettre à celui-ci les eaux qu'il extrairait d'un puits ou d'un réservoir et qu'il emploierait sur son héritage.

322. Le principe qui défend, dans l'intérêt du fonds inférieur, tout ouvrage qui changerait le cours naturel de l'eau sur le fonds supérieur, doit faire reconnaître, par une juste réciprocité, que, dans le cas même où le propriétaire inférieur aurait trop à souffrir de l'écoulement naturel des eaux, il ne pourrait pas contraindre le propriétaire supérieur à prévenir ou diminuer l'inconvénient par des travaux faits chez lui [1]

323. Toutefois, il ne faut pas conclure de la rigueur du principe, qu'il soit défendu au propriétaire supérieur de faire tous travaux qui pourraient modifier, d'une manière quelconque, la chûte naturelle de l'eau. Ceux qui ont pour objet la culture de son héritage lui sont toujours permis, quelles

---

(1) Cà M. Delvincourt, tome 1, page 377, notes.

que soient les conséquences qui peuvent en résulter pour l'héritage inférieur. Il peut donc à son gré, et sans encourir aucun dommage, changer le mode de son exploitation, d'un champ faire un pré, d'un bois une vigne. La loi ne lui interdit que les travaux dont l'objet principal serait de changer l'écoulement naturel des eaux [1].

324. Si donc, en labourant profondément son champ, le propriétaire supérieur, fait jaillir une source qui, sans les labours, serait probablement restée souterraine, le propriétaire inférieur sera tenu d'en recevoir les eaux. Mais je ne pense pas qu'il dût en être de même, si des travaux particuliers avaient eu pour objet l'ouverture d'une fontaine destinée à faire écouler la source. Ce ne serait plus alors, dans le sens de la loi, un écoulement naturel [2].

325. Obligé de recevoir les eaux pluviales venant du fonds supérieur, le propriétaire inférieur n'acquiert aucun droit de les réclamer, quel que soit le temps pendant lequel il en a joui. Ce n'est que par l'effet de la tolérance du voisin qu'il les a reçues, et les actes de tolérance ne peuvent pas fon-

---

(1) MM. Pardessus, n° 83. — Toullier, tome 3, n° 509. — Duranton, tome 5, n° 165.

(2) M. Duranton, tome 5, n° 166. — Cà M. Pardessus, n° 82.

der la prescription (art. 2232). Le propriétaire supérieur peut les absorber chez lui, lors même que le propriétaire inférieur aurait fait des ouvrages apparens, destinés à les recevoir. Car l'article 642 n'est pas fait pour ce cas. La servitude en effet n'en serait pas moins discontinue et par conséquent non susceptible d'être acquise par la prescription. Elle ne pourrait s'établir que par titre (art. 690, 691). Les mêmes règles s'appliquent aux eaux qui sont recueillies d'un chemin public [1].

326. Quoique, d'après la loi, le propriétaire inférieur ne puisse faire aucun ouvrage qui empêche l'écoulement *naturel* des eaux, chacun est libre de faire sur son fonds des digues ou autres ouvrages qui le préservent des eaux dont l'écoulement n'est pas *naturel*, ou des fleuves et rivières, lors même que, par l'effet de ces ouvrages, ces eaux reflueraient chez les propriétaires voisins. Ceux-ci ne seraient pas fondés à se plaindre puisqu'ils ont les mêmes moyens pour s'en garantir [2].

327. Au reste, l'obligation du propriétaire inférieur ne consiste qu'à recevoir les eaux dans leur état naturel, et le propriétaire supérieur ne peut pas les corrompre, avant de les transmettre.

---

(1) MM. Pardessus, n° 79. — Duranton, n° 157 et suiv.

(2) Sirey, 14-2-9. — MM. Pardessus, n° 92. — Duranton, n° 162.

328. 2° Celui qui a une source dans son fonds peut en user à sa volonté, sauf le droit que le propriétaire du fonds inférieur pourrait avoir acquis par titre ou par prescription (art. 641).

Cette disposition ne fait que consacrer le droit dont il a déjà été question, du propriétaire qui a une source dans son fonds, ou qui y reçoit les eaux pluviales. Mais l'exception qu'elle exprime ne s'applique qu'aux eaux dont le cours est ou peut être continuel de sa nature. L'article 641 n'est d'ailleurs, dans sa disposition principale, qu'une conséquence du principe de l'article 552 suivant lequel la propriété du dessus emporte la propriété du dessous.

329. La prescription, dans le cas qu'il régit, ne peut s'acquérir que par une jouissance non interrompue, pendant l'espace de trente années, à compter du moment où le propriétaire du fonds inférieur a fait et terminé des ouvrages apparens destinés à faciliter la chûte et le cours de l'eau dans sa propriété (art. 642).

L'apparence de ces ouvrages prouve la publicité de la possession, circonstance sans laquelle la prescription n'est pas possible (art. 2229).

330. Mais ces ouvrages apparens doivent-ils être placés sur le fonds supérieur, ou suffit-il qu'ils soient sur le fonds inférieur? Cette question est difficile et vivement controversée.

Pour la dernière opinion, on dit que la loi n'exige

autre chose sinon que les ouvrages soient apparens ,
sans distinguer ceux qui seraient sur le fonds inférieur de ceux qui seraient sur le fonds supérieur ;
que le silence gardé pendant trente ans par le propriétaire supérieur averti par l'apparence des ouvrages équivaut à une cession formelle des eaux ; qu'enfin, ce qui doit trancher toute difficulté, c'est la
substitution que firent les rédacteurs du Code du
mot *apparens* au mot *extérieurs* que contenait le
projet de l'article 642, substitution qui ne fut faite
que parce qu'il fut reconnu qu'il suffisait que les
ouvrages fussent faits sur le fonds du propriétaire
inférieur [1].

Mais l'autre opinion, celle suivant laquelle la
prescription ne peut résulter que d'ouvrages faits
sur le fonds supérieur, me paraît plus conforme soit
aux principes du droit commun, soit au texte même
de la loi. Pour acquérir une servitude par son propre
fait, il faut que celui contre lequel on veut l'établir
ait le droit d'empêcher les actes dont les conséquences pourraient lui préjudicier. Mais ce droit n'appartient pas au propriétaire supérieur, quels que
soient les ouvrages que le propriétaire inférieur fasse
sur son propre fonds. Ce dernier ne fait qu'user de
son droit de maître ; il agit *jure dominii* et non *jure*

---

[1] Fenet, *Travaux préparatoires du C. Civ.*, tome 11, page
282 et suiv. — MM. Pardessus, n° 100. Delvincourt, tome 1,
page 382, notes. Favard, répert. v° *servitudes*, sect. 2, § 1, n° 2.

servitutis. Quel serait d'ailleurs le sens de ces mots de l'article 642 : *Ouvrages... destinés à faciliter la chute de l'eau... dans sa propriété*, s'ils pouvaient s'entendre d'ouvrages autres que ceux qui seraient sur le fonds supérieur ? N'est-il pas évident que les ouvrages qui ne s'étendraient pas hors du fonds inférieur, qui pourraient bien être propres à faciliter le cours de l'eau, dans ce fonds, seraient sans aucune efficacité pour en faciliter la chute? [1]

331. Quel que soit le temps pendant lequel le propriétaire d'un fonds aura usé de la source qui y jaillit, il peut en être privé, sans avoir le droit de se plaindre, par un autre propriétaire voisin qui trouvant, dans son héritage, la veine de cette source, la coupe et en intercepte ainsi le cours [2].

332. Du principe que la servitude n'est due par un héritage qu'à un autre héritage déterminé, résulte la conséquence que le propriétaire qui a acquis, par prescription, le droit de recevoir l'eau de la source supérieure, ne peut pas céder ce droit à autrui, ni même l'utiliser pour un héritage lui appartenant autre que le fonds inférieur [3].

(1) C. de Cass., Sirey, 12-1-350, 26-1-406. — Duranton, t. 5, n° 181. — Henrion de Pansey, compét. des jug. de paix, n° 26. — Toullier, qui avait d'abord embrassé l'opinion contraire, tome 3, n° 635, à la note.

(2) M. Delvincourt, tome 1, pag. 381, notes.

(3) M. Duranton, tom. 5, n° 184.

333. Il n'est pas absolument indispensable que, pour acquérir ces eaux, au moyen de la prescription, le propriétaire inférieur ait son fonds contigu à celui sur lequel naît la source. Un fonds intermédiaire n'y mettrait pas obstacle, et il suffirait à celui qui veut acquérir ces eaux d'avoir la servitude d'aquéduc sur ce dernier fonds [1]. Mais il faudrait toujours que, conformément au principe déjà posé, des ouvrages apparens eussent été faits sur le fonds supérieur.

334. Le droit du propriétaire de la source reçoit une seconde exception pour un motif d'utilité publique. Il ne peut pas en changer le cours, lorsqu'il fournit aux habitans d'une commune, village ou hameau, l'eau qui leur est nécessaire. Mais si les habitans n'en ont pas acquis ou prescrit l'usage, le propriétaire peut réclamer une indemnité, laquelle est réglée par experts (art. 643).

335. La possession trentenaire n'est donc pas nécessaire, dans ce cas, non plus que des ouvrages quelconques, pour donner à ces habitans un droit aux eaux de la source. Il suffit que la nécessité soit constatée, pour qu'ils puissent réclamer l'eau au moment même de la naissance de la source.

336. Mais si l'intérêt public commande cette

---

[1] MM. Pardessus, n° 102. — Duranton, n°ˢ 185, 186.

exception au droit de propriété, il ne va pas jusqu'à diminuer les droits du propriétaire contrairement à l'équité, sans aucun avantage pour lui. Le propriétaire peut donc réclamer une indemnité tant qu'il ne s'est pas écoulé trente ans depuis que les habitans profitent de l'eau. Ce délai passé sans réclamation de sa part, l'indemnité, qu'il ne faut pas confondre avec le droit de recevoir l'eau, et qui n'est que la libération d'une obligation, se trouve prescrite.

Les exceptions devant être renfermées dans leurs termes, le droit que l'article 643 attribue aux communautés, ne peut être exercé qu'autant qu'il y a nécessité; comme je viens de le dire, l'utilité ne suffirait pas.

337. Quoique les termes de cet article ne semblent littéralement applicables qu'à une eau courante, il faut reconnaître, suivant son esprit, qu'ils s'appliquent également aux eaux d'une fontaine, d'un étang, d'une citerne qui serait nécessaire à une communauté [1].

338. Le motif qui a fait accorder ce droit aux habitans de la commune, du village ou du hameau, ne permet pas de mettre pour condition à son exercice, que leur territoire joigne immédiatement l'hé-

---

(1) Toullier, tome 3, n° 134. — MM. Pardessus, n° 138. — Duranton, tome 5, n° 191 etc.

ritage où se trouve l'eau. Ces habitans ont donc à
s'accorder avec les propriétaires intermédiaires, soit
pour conduire les eaux, à travers leurs fonds, au
point où ils peuvent les utiliser, soit pour se procurer un passage pour arriver jusqu'à l'eau.

339. 3° Celui dont la propriété borde une eau
courante, autre que celle qui est déclarée dépendance du domaine public par l'article 538, au titre
de la distinction des biens, peut s'en servir, à son
passage, pour l'irrigation de ses propriétés. Celui
dont cette eau traverse l'héritage peut même en user,
dans l'intervalle qu'elle y parcourt, mais à la charge
de la rendre, à la sortie de ses fonds, à son cours
ordinaire (art. 644).

340. Cette disposition de loi ne s'applique jamais
aux eaux pluviales, lors même qu'elles auraient été
recueillies dans un canal fait de main d'homme; elles
appartiennent, comme nous l'avons déjà vu, au premier occupant. C'est un principe enseigné par les
auteurs et consacré par la jurisprudence [1].

Ces eaux, dont le cours est déterminé lorsqu'elles arrivent aux fonds mentionnés dans l'article 644,
ne peuvent pas, comme les eaux de source, être réputées l'accessoire du fonds, ce qui explique la di-

---

[1] Henrion de Pansey, compét. des jug. de paix, pag. 285. —
Sirey, 1823, 1-173.

versité de la règle dans les deux cas. Ici, elles sont considérées comme des choses qui n'appartiennent à personne et dont l'usage est commun à tous (art. 714).

341. Je n'ai pas à m'occuper, ainsi que je l'ai déjà dit, des eaux qui sont une dépendance du domaine public, auxquelles l'article 644 ne s'applique pas. Celles dont il s'agit, dans cet article, deviennent, par la prise de possession qui en est faite, propriété privée, mais avec les modifications prescrites par l'intérêt commun.

342. Deux cas sont prévus par l'article 644. Dans le premier, la loi s'occupe de la propriété que borde l'eau courante dont le propriétaire peut se servir à son passage. C'est au moyen de coupures, rigoles, barrages et autres travaux de cette nature qu'il peut l'utiliser. Mais il doit concilier avec son propre intérêt, celui des riverains opposés et des fonds supérieurs ou inférieurs. Il ne peut donc pas absorber l'eau, ni la faire refluer, de manière à préjudicier à ceux-ci.

343. Il est à remarquer que ce n'est que pour l'irrigation de son fonds, que le propriétaire peut, dans ce cas, se servir de l'eau, d'où la conséquence qu'il ne pourrait pas l'employer à d'autres usages, comme à mettre en jeu des usines. Cependant, si les autres propriétaires n'éprouvaient aucun préjudice de leur établissement, le défaut d'intérêt devrait leur faire dénier toute action pour s'en plaindre [1].

344. Ces principes doivent être observés, lors même que des usines autorisées par l'administration auraient besoin de la plus grande quantité d'eau possible. Cette autorisation ne peut pas priver les propriétaires du droit que la loi leur donne de se servir de l'eau courante, pour l'irrigation de leurs héritages.

345. Quoique l'usage de l'eau courante soit commun à tous, le lit qui la contient est une propriété privée et appartient par moitié aux riverains, à moins que cette présomption de droit ne soit détruite par des titres ou par une possession contraires [2].

346. Une condition essentielle de cet usage de l'eau courante est d'être riverain de son lit. De là plusieurs conséquences. Celui qui, à ce titre, aurait cet usage, ne peut pas le céder à un tiers ; celui qui arrose sa propriété riveraine ne peut pas se servir de l'eau pour d'autres fonds qu'il acquerrait et qui, quoique contigus au premier, ne seraient pas riverains comme lui. Enfin, si le cours d'eau vient à changer de lit, les anciens riverains n'ont

---

(1) M. Duranton, tome 5, n° 226.

(2) MM. Pardessus, n° 107. — Duranton, tome 5, n°s 208, 213 et autres, etc., etc.

pas le droit de le suivre, et d'aller prendre ou de conduire chez eux, au moyen de canaux, l'eau qui leur serait nécessaire pour l'irrigation de leurs fonds [1]. Ces divers points généralement reconnus ne sauraient offrir de difficulté.

347. Le second cas réglé par l'article 644 est celui où l'eau courante fait plus que border un héritage, où elle le traverse. Dans ce cas, le propriétaire peut faire autre chose que se servir de l'eau; il peut en user, c'est-à-dire l'employer, non-seulement à l'irrigation, mais encore à tout autre usage. On conçoit que seul maître des deux rives et du lit, il doit avoir plus de droits que celui dont l'eau ne fait que border l'héritage. Le seul devoir qui lui soit imposé est de rendre, à la sortie de ses fonds, l'eau à son cours ordinaire.

348. Mais il ne faut pas croire que cette obligation le soumette à rendre, à la sortie de son fonds, une quantité d'eau aussi considérable que celle qu'il y a reçue. L'usage qu'il lui est permis d'en faire en consomme nécessairement une partie. Son droit à l'eau courante paraît même devoir être plus étendu que celui du propriétaire qui ne peut s'en servir que pour l'irrigation, et cependant celui-ci ne rend pas au courant toute l'eau qu'il en a extraite. Au reste,

[1] Sirey, 15-1-100.

pour la solution des questions de ce genre , les circonstances doivent exercer une grande influence. Il
faut seulement remarquer que le droit d'user n'est
pas celui d'abuser [1].

349. L'article 644 ne doit recevoir son application qu'au cas où le lit qui renferme l'eau courante
s'est formé naturellement. Il n'en serait pas de même
s'il s'agissait de l'eau d'un canal creusé de main d'homme. Celui qui a fait faire le canal en étant propriétaire, ce serait porter atteinte à son droit que de
reconnaître à tout autre la faculté de se servir de
l'eau pour un usage quelconque [2]. Cette exception
se vérifie notamment dans le cas où le propriétaire
d'un moulin ou d'une autre usine a fait pratiquer
des canaux pour y conduire l'eau ou pour en faciliter l'éloignement. Ce n'est alors que par titres ou
par prescription que les propriétaires voisins peuvent
acquérir des droits à l'eau qu'ils renferment.

350. Mais, en l'absence de titres, qui sera censé
propriétaire de ces canaux ? Sera-ce celui auquel
appartient l'usine, ou celui à qui appartient le terrain sur lequel est creusé le canal ? En d'autres
termes , le premier aura-t-il un droit de propriété ,
ou seulement un droit de servitude ?

---

(1) M. Pardessus , n° 106.
(2) MM. Pardessus , n° 111. — Duranton , tome 5 , n° 236.

Dans les anciens principes, on reconnaissait que la présomption naturelle de propriété du canal existait en faveur du propriétaire de l'usine [1]. Il ne paraissait pas présumable que les propriétaires des fonds traversés par le canal eussent fait volontairement le sacrifice d'une portion de leur terrain, pour l'établissement d'une simple servitude, dont l'indemnité n'aurait sans doute pas été en rapport avec leur abandon. D'un autre côté, il était probable que celui qui avait créé une usine avait pris ses mesures pour s'assurer la libre et exclusive disposition des canaux sans lesquels elle ne pouvait être d'aucune utilité.

Ces raisons me paraissent assez fortes pour que la question soit encore résolue aujourd'hui de la même manière. C'est vainement qu'on objecte [2] qu'une présomption de droit ne peut être établie que par une loi, et qu'il n'en existe pas en faveur du propriétaire de l'usine. La destination du canal, la possession des eaux établissent, jusqu'à preuve contraire, le droit de ce propriétaire ; et cette opinion est plus généralement admise [3].

351. C'est à l'administration publique et non pas

_____

(1) Henrys, liv. 4, quest. 149, où il cite deux arrêts des 13 décembre 1605 et 15 juillet 1656. — Lacombe, v° *Eau*, n° 2.

(2) M. Duranton, tome 5, n° 240.

(3) M. Pardessus, n° 111. — Favard, rép. v° servitudes où plusieurs arrêts de la Cour de cassation sont cités.

au pouvoir judiciaire qu'il appartient de faire de s réglemens ou de prendre des mesures de police , sur les cours d'eau , dans des vues d'intérêt général (1). Il est aussi dans les attributions de l'autorité administrative de décider si un cours d'eau constitue une rivière navigable ou flottable, et par conséquent une dépendance du domaine public , ou seulement une eau privée régie par les principes de ce chapitre. Mais c'est aux tribunaux qu'il appartient de juger les contestations qui peuvent s'élever entre les propriétaires auxquels ces eaux peuvent être utiles. En prononçant , ils doivent concilier l'intérêt de l'agriculture avec le respect dû à la propriété ; et , dans tous les cas , les règlemens particuliers et locaux sur le cours et l'usage des eaux doivent être observés. (art. 645).

352. Les questions de cette nature qui peuvent s'élever entre les propriétaires ne sont que des questions de fait , dont l'appréciation est souverainement laissée aux tribunaux. Leurs décisions, à cet égard , si elles ne sortent pas de cette limite, ne sont jamais sujettes à cassation.

353. Le bornage est le placement de bornes entre des propriétés contiguës , pour les distinguer l'une de l'autre , et assigner leurs limites respectives. On appelle *bornes* certains signes physiques qui,

---

(1) Toullier, t. 5 , n° 145. — M. Pardessus , n° 115 et suiv., etc.

suivant les usages locaux, établissent la ligne de dé-
marcation entre des propriétés contiguës. En certains lieux, c'est une pierre ; dans d'autres une
plante, un arbre ou un arbuste.

D'après les idées que nous avons des servitudes,
et le sens légal de ce mot, il est bien évident que le
bornage ne constitue pas une servitude. Cependant
le législateur a cru devoir s'en occuper dans le chapitre qui traite des servitudes qui dérivent de la
situation des lieux.

Tout propriétaire peut obliger son voisin au bornage de leurs propriétés contiguës. Le bornage se
fait à frais communs (art. 646).

354. Cette disposition n'est pas limitative au propriétaire. Car il est reconnu que celui qui possède
pro suo, comme l'usufruitier, a le droit d'intenter
l'action en bornage [1]. Il n'en est pas de même du
fermier, du colon partiaire qui possèdent pour
autrui. Tels étaient les anciens principes, auxquels
le Code n'a pas dérogé.

355. Chacun des propriétaires contigus contribue
également au bornage; et on ne doit pas avoir égard,
pour diviser inégalement ces frais, au plus ou moins
de valeur des héritages respectifs. Les termes et

---

[1] Toullier, tome 3, n° 181. — MM. Pardessus, n° 118 —
Duranton, tome 5, n° 257, etc.

Tit. IV. *Des servitudes ou services fonciers.* 205
l'esprit de la loi ne permettent pas le doute à cet
égard.

356. Le droit de demander le bornage est im-
prescriptible. Dans ce cas, en effet, aucun des
propriétaires n'a eu, au préjudice de l'autre, une
possession qui puisse fonder une prescription ; et le
silence gardé, pendant un temps quelconque, par
tous les deux, n'a donné à aucun un avantage sur
l'autre. Leur position est, sous ce rapport, absolument la même [1].

357. Le bornage se fait amiablement, ou d'autorité de justice. Dans ce dernier cas, c'est après que
les limites des propriétés ont été déterminées par experts, qu'il a lieu. On prend pour bases les titres des
parties, s'il en existe ; à défaut de titres, la possession, lorsqu'elle est accompagnée de circonstances
qui peuvent fonder la prescription. Si même l'un
des voisins a possédé au-delà de son titre et contre le
titre de l'autre, une partie des fonds de ce dernier
et si cette possession a duré pendant le temps voulu
pour prescrire, et a eu les caractères voulus pour
la prescription, le bornage devra mettre de son côté
cette partie de fonds. Cette doctrine est tellement incontestable que le propriétaire qui, après le placement
des bornes, possède du côté du voisin, au-delà de

_____

(1) M. Pardessus, n° 130, etc.

ce qu'elles lui attribuent , peut acquérir par la prescription. Car les bornes qui ne sont que des pré-
somptions de propriété , ne sauraient être plus effi-
caces que les titres les plus formels qui n'empê-
chent pas la prescription.

358. Les actions relatives au bornage sont tantôt
de la compétence du juge de paix, tantôt de celle du
tribunal de première instance de la situation des
lieux. S'il s'agit de placer les bornes une première
fois pour déterminer les limites qui jusqu'alors
avaient été incertaines , la question intéresse la propriété , et dès-lors elle doit être portée devant le
tribunal de première instance. Si la contestation a
pour objet un déplacement de bornes commis dans
l'année , elle est de la compétence du juge de paix
(loi du 24 août 1790 et art 3 du cod. de procéd.).
C'est en effet alors une action possessoire dont la
connaissance est dévolue à cette juridiction. Mais si
plus d'une année s'est écoulée depuis le déplacement
allégué , l'action n'est plus possessoire , et elle doit
être portée devant le tribunal de première instance.

359. Le déplacement des bornes peut aussi exposer son auteur à des poursuites correctionnelles ,
et le rendre passible d'un emprisonnement et d'une
amende (art. 456 du cod. pén.).

360. Il y a cette différence entre le bornage et
le titre de propriété que, tandis qu'à moins de pres-

cription, rien ne doit être accordé au delà du titre
qui fixe irrévocablement le droit des parties, le
bornage n'est pas toujours obligatoire pour ceux
entre lesquels il a eu lieu. Si, par exemple, un
bornage erroné a été fait parce que le titre était
égaré ou inconnu, ce titre produit plus tard autori-
sera un nouveau bornage conforme à ses dispositions.
Car le bornage n'est pas attributif de propriété; il
en est seulement déclaratif [1]. L'action dans ce cas,
pourra donc être exercée, tant qu'il n'y aura pas renonciation ou prescription qui doive la faire repousser.

361. La faculté que donne la loi à tout propriétaire de clore son héritage (art. 647) n'est pas plus
une servitude que le bornage, et les observations
que j'ai déjà faites à cet égard (n° 353) reçoivent
encore ici leur application. Cette faculté n'est qu'une
conséquence, que l'exercice du droit de propriété.
On ne s'explique même son expression dans la loi,
que par l'ancien abus résultant de la féodalité qui,
dans certains lieux, défendait aux propriétaires de
fermer leurs héritages, pour favoriser la chasse à
laquelle se livraient quelques privilégiés. La loi du
28 septembre 1791, sur la police rurale, l'avait
aboli; et le Code qui ne déroge pas à cette loi est
conforme, sur ce point, au droit commun.

(1) M. Duranton, tome 5, n° 260.

Au reste, la cloture facultative dont il s'agit dans l'article 647 ne doit pas être confondue avec la cloture forcée dans les villes et les faubourgs réglée par l'article 663 sur lequel je reviendrai.

362. L'article 647 consacre une exception au principe qu'il pose, pour le cas de l'article 682 qui règle le droit de passage au cas d'enclave. Mais cette exception n'est pas la seule que puisse subir ce principe. La cloture sera interdite toutes les fois qu'elle empêcherait l'exercice d'une servitude établie par titre, ou qui dériverait de la situation des lieux ou de la loi [1].

363. Un principe d'équité et de juste réciprocité a dicté la disposition de loi suivant laquelle le propriétaire qui veut se clore perd son droit au parcours et vaine pature, en proportion du terrain qu'il y soustrait (art. 648).

On entend par *parcours* le droit qu'ont les habitans de plusieurs communes de conduire leurs bestiaux à la dépaissance sur leurs territoires respectifs.

La *vaine pature* est moins étendue. C'est le même droit qu'exercent seulement les habitans de la même commune sur leurs propriétés respectives.

La loi n'a pas voulu que celui qui, par la cloture

---

[1] MM. Pardessus, n° 134. — Duranton, tome 5, n° 263.

de ses propriétés, les affranchirait de ces charges, pût en grever les héritages d'autrui.

364. Mais il est à remarquer que la clôture ne soustrait au parcours et à la vaine pature que les propriétés que l'usage seul soumet à ces droits. Car, s'ils sont fondés sur des titres, il n'est pas permis de clore son héritage au propriétaire que ces titres obligent [1].

365. Pour bien entendre l'article 648, il faut remarquer que la loi du 28 septembre 1791 encore en vigueur, veut que la quantité de bétail qu'on peut envoyer en parcours ou en vaine pature, soit proportionnée à l'étendue du terrain qu'on y soumet, et fixée de la manière qu'elle indique (art. 13 section 4 de cette loi). Elle donne même des droits limités, à cet égard, à tout chef de famille domicilié qui n'est ni propriétaire ni fermier de terrains sujets à l'exercice de ces droits (art. 14 id.).

Il existe encore à se sujet des usages ou réglemens locaux qui changent ou modifient les dispositions de la loi précitée.

Nous attendons depuis long-temps un code rural qui fasse disparaître toute incertitude sur ce point et sur des sujets au moins d'une égale importance.

---

(1) Loi du 28 septembre 1791, section 4, art. 7. — Sirey, 9-1-72. — Toullier, tome 3, n° 161. — MM. Pardessus, n° 134. — Duranton, tome 5, n° 265, etc.

CHAPITRE II.

Des servitudes établies par la loi.

366. Suivant le Code, les servitudes légales ou établies par la loi ont pour objet l'utilité publique ou communale, ou l'utilité des particuliers (art. 649).

Cependant, la servitude étant une charge impo·sée à un héritage en faveur d'un autre héritage, cette dénomination est improprement appliquée aux charges établies pour l'utilité publique ou communale qui, en général, ne sont pas dues à des héritages.

367. Quoi qu'il en soit, la loi donne pour exemples de ces charges le marchepied le long des rivières navigables ou flottables ou chemin de hallage dont il a déjà été question, la construction ou réparation des chemins et autres ouvrages publics ou communaux (art. 650).

On peut ranger dans la même classe la prohibition de construire ou conserver des établissemens ou usines insalubres, la prohibition de bâtir dans un certain rayon autour des places de guerre ou des cimetières, les dispositions prescrites pour la conservation des bois et forêts, et autres prohibitions ou obligations qui sont autant de restrictions du droit de propriété.

Tout ce qui conserne cette espèce de servitude est déterminé par des lois ou des réglemens particuliers (*id.*) dont je n'ai pas à m'occuper ici.

368. C'est des servitudes légales qui existent entre propriétaires, en l'absence de toute convention, que je dois exposer les règles. Elles résultent d'obligations nombreuses dont une partie est réglée par les lois sur la police rurale, notamment par la loi du 28 septembre 1791 qu'il n'est pas dans mon sujet d'expliquer. Les autres sont relatives au mur et au fossé mitoyens, au cas où il y a lieu à contre-mur, aux vues sur la propriété du voisin, à l'égoût des toits, au droit de passage (art. 651-652). Les principes de ces diverses servitudes étant déterminés par le Code, je les examinerai successivement.

SECTION PREMIÈRE.

Du mur et du fossé mitoyens.

SOMMAIRE.

369. *Ce que c'est que la mitoyenneté.*
370. *Du mur mitoyen. Présomption établie par la loi
    à cet égard.*

369. L'expression *mitoyen* composée des mots *moi, toi*, désigne une chose indivise, commune à deux propriétaires, appartenant par moitié à chacun d'eux. Les principes de la mitoyenneté qui appartiennent autant à la matière de la propriété qu'à celle des servitudes sont empruntés presque en entier à l'ancienne coutume de Paris. Mais comme elle n'est considérée ici que sous le rapport des charges qui en dérivent, la mitoyenneté est convenablement placée au titre des servitudes.

370. Les droits respectifs des propriétaires dont un mur sépare les héritages, peuvent s'établir par titres, par la présomption de la loi, par des marques particulières.

Le titre réglé par les principes généraux des obligations est la loi des parties; et quelles que soient ses dispositions, il doit être exécuté. Ceci n'a pas besoin de développemens.

Mais souvent il n'existe pas de titre à cet égard ; et la loi, pour prévenir les contestations aussi nombreuses que difficiles qui pourraient s'élever, entre voisins, sur la propriété du mur qui les sépare, a dû établir une présomption de mitoyenneté qui ne peut être détruite que par titres ou marques contraires.

Dans les villes et les campagnes, tout mur servant de séparation entre bâtimens jusqu'à l'héberge, ou entre cours et jardins et même entre enclos dans les champs, est présumé mitoyen, s'il n'y a titre ou marque du contraire (art. 653).

371. L'*héberge*, expression qui, dans le vieux langage, voulait dire *couvert*, *abri*, est la partie la plus élevée du bâtiment inférieur. Après l'héberge il n'y a plus de présomption de mitoyenneté, et le propriétaire du bâtiment supérieur est, au contraire, présumé seul propriétaire de la partie plus élevée du mur divisoire de laquelle seul il profite. Il faut même reconnaître que, dans ce cas, si le mur dépasse le plus élevé des deux bâtimens, l'excédant appartiendra exclusivement au propriétaire du bâtiment supérieur. On ne conçoit pas sur quoi peut reposer l'opinion d'un auteur [1] qui veut que cet excédant soit mitoyen.

---

(1) M. Pardessus, n° 160.

372. D'après les termes de la loi, cette présomption de mitoyenneté existe lorsque le mur sépare deux bâtimens. Que faudrait-il décider si d'un côté il y avait un bâtiment, et, de l'autre, une cour, un jardin, un enclos, ou un champ ouvert des autres côtés ? La question ne doit pas être résolue de la même manière, dans les divers cas qui peuvent se présenter.

Dans les villes et faubourgs où la cloture est forcée entre maisons, cours et jardins sans distinction (art. 663), le mur de séparation sera censé mitoyen jusqu'à hauteur de cloture, quoique ceux de ces immeubles qu'il sépare ne soient pas de la même nature. La présomption est en effet que chacun des deux voisins a rempli son obligation, lors même que l'un d'eux aurait eu un intérêt plus grand que l'autre à le faire [1]. L'opinion contraire qui a été aussi professée [2], fondée sur les termes de la loi qui admettent la présomption de mitoyenneté des murs de séparation *entre bâtimens*, me paraît contraire à son esprit et à l'ensemble de ses dispositions.

Cependant, je consentirais à modifier l'opinion que j'ai embrassée, dans le cas où le mur séparerait un bâtiment d'un jardin ouvert des trois autres côtés. Il ne serait pas alors présumable que le propriétaire

---

(1) Pothier, *Contrat de Société*, n° 202. — Toullier, tome 3, n° 187. — M. Pardessus, n° 159.

(2) M. Duranton, tome 5, n° 305.

du jardin, qui n'a pas rempli son obligation de clôture, eût contribué aux frais de construction d'un mur qui n'est utile qu'au bâtiment [1].

373. La disposition qui présume mitoyen le mur de séparation entre cours et jardins, et même entre enclos dans les champs, doit être entendue en ce sens, qu'il n'est pas nécessaire que les propriétés séparées soient de même nature, pourvu qu'elles soient l'une et l'autre de celles que la loi mentionne. Il sera donc indifférent que le mur sépare une cour d'un jardin. Mais il en serait différemment si le mur était entre un jardin et un bois ou terre labourable. La présomption n'existerait plus; et le propriétaire du jardin serait censé seul propriétaire du mur [2].

374. S'il existe un mur entre deux héritages qui ne sont ni bâtimens, ni jardins, ni cours, ni enclos, la présomption de mitoyenneté écrite dans l'article 653 ne pourra pas être littéralement invoquée. Mais ce mur n'en sera pas moins réputé mitoyen en vertu d'autres principes. De cela en effet qu'il sera assis sur le fonds des deux voisins, seul cas dans lequel il puisse y avoir question, chacun d'eux y aura droit aux termes de l'article 552, suivant lequel la propriété du sol emporte la propriété du dessus.

---

(1) M. Delvincourt, tome 1, p. 595, notes.
(2) MM. Pardessus, n° 159. — Duranton, tome 5, n° 301.

375. J'ai déjà dit que la présomption de mitoyenneté cesse, non-seulement lorsqu'il y a un titre opposé, mais encore lorsqu'il existe des marques contraires; et, pour prévenir l'incertitude et l'arbitraire,
le Code désigne ces marques. Il y a marque de non
mitoyenneté lorsque la sommité du mur est droite
et à plomb de son parement d'un côté, et présente
de l'autre un plan incliné; lors encore qu'il n'y a
que d'un côté ou un chaperon ou des filets et corbeaux de pierre qui y auraient été mis en bâtissant le mur. Dans ces cas, le mur est censé appartenir exclusivement au propriétaire du côté duquel sont l'égoût ou les corbeaux et filets de pierre
(art. 654).

Le plan incliné ayant pour objet de rejeter de son
côté toutes les eaux qui tombent sur le mur, prouve
la propriété exclusive de celui du côté duquel il se
trouve. Car il n'aurait pas consenti à recevoir seul
ces eaux, si le mur eût été mitoyen.

Le chaperon est la partie supérieure du mur ordinairement inclinée des deux côtés. Si elle ne l'est
que d'un seul, elle produit l'effet d'un plan incliné,
et la décision est la même.

Les filets sont la partie de la sommité du mur qui
le dépasse pour le préserver des eaux.

On désigne, sous le nom de corbeaux, des pierres
en saillie, placées dans le mur au moment de sa construction, dans l'objet de soutenir les poutres, lorsqu'on voudra bâtir de ce côté. Ce n'est pas la même
chose que les harpes ou pierre d'attente qu'on laisse

du côté du voisin, et qui servent à lier les maisons, si le voisin veut bâtir..

376. Cependant, l'existence de ces marques ne prouve pas toujours la propriété de celui du côté duquel elles se trouvent. Si, par exemple, dans la campagne, un enclos est entouré de murs dont le plan incliné est en dehors de l'enclos, ce mur n'en sera pas moins présumé appartenir exclusivement au propriétaire de l'enclos. On ne peut pas supposer que le propriétaire d'un champ ouvert de tous les autres côtés, ait contribué à l'établissement d'un mur qui lui est inutile, et le plan incliné de son côté n'est qu'un indice d'une servitude de recevoir les eaux, dont il serait tenu.

377. Quelle que soit aussi la forme extérieure d'un mur qui soutient une terrasse, il n'est pas réputé mitoyen. Il fait partie intégrante de la terrasse [1].

378. Anciennement, on admettait, dans certains lieux, des marques de non mitoyenneté autres que celles que mentionne le Code. S'il en existe encore aujourd'hui, elles doivent continuer de produire l'effet que l'usage ou la coutume leur attribuait.

---

(1) **M.** Pardessus, n° 164.

Car le Code rétroagirait, s'il en était autrement (1).

379. Les marques de non mitoyenneté ne constituent qu'une présomption qui peut être détruite par la preuve contraire. S'il existe donc un titre qui contrarie l'effet ordinaire de ces marques, il devra prévaloir sur elles. Mais quel sera l'effet d'une possession contraire à ce titre et que viendraient corroborer les marques de non mitoyenneté?

Observons d'abord que l'existence, même trentenaire, de ces marques, sans la possession exclusive du mur par celui qui voudrait les invoquer, ne lui attribueraient aucun droit. Elles ne caractériseraient pas en effet ces actes, ces faits de possession que les principes généraux exigent pour fonder la prescription. Mais s'il est incontestable que la possession exclusive et trentenaire d'un mur mitoyen, où il n'existe pas de signe de non mitoyenneté, par l'un des copropriétaires, peut lui en assurer l'exclusive propriété, à plus forte raison faut-il le reconnaître ainsi, lorsque l'existence de ces signes vient encore ajouter aux effets de la possession et servent à en indiquer la nature. La difficulté, dans les questions de ce genre, sera de bien établir la nature et l'exclusiveté de cette possession. Il faudra des actes certains qui puissent faire supposer l'abandon du droit de celui contre lequel on voudra avoir prescrit. Son

(1) Toullier, tome 3, n° 192. — M. Duranton, tome 5, n° 310.

silence et son inaction, même pendant trente ans, ne suffiront pas toujours pour qu'il en soit dépouillé. Tels me paraissent être les principes généraux, sur un point dont les modifications ont fait naître une certaine controverse entre les auteurs [1].

80. Le mur séparatif de deux héritages étant, dans les cas prévus, présumé mitoyen, *s'il n'y a titre ou marque du contraire*, la possession exclusive qu'en aurait eue l'un des voisins, en l'absence de tout titre ou marque du contraire lui en attribuerait-elle la propriété exclusive? Au cas d'affirmative, quelle possession serait nécessaire?

On s'accorde généralement à reconnaître que la possession trentenaire équivaudrait au titre et que la présomption de mitoyenneté céderait devant cette possession. Mais il y a plus de difficulté sur les effets de la possession annale.

81. Suivant quelques auteurs [2] cette possession serait absolument inefficace. Cette opinion ne me paraît pas fondée, en présence des principes de notre législation relatifs aux effets de la possession annale. Il en résulte que celui qui a eu cette possession est présumé de droit propriétaire jusqu'à

---

(1) MM. Delvincourt, tome 1, page 395. — Pardessus, nº 161. — Toullier, tome 3, nº 188. — Duranton, tome 5, nº 311 et suiv. — Merlin, rép. vº *mitoyenneté*.

(2) MM. Pardessus, Toullier, aux lieux indiqués.

preuve contraire. Ici c'est une présomption qui détruit une autre présomption. Mais elle peut être détruite elle-même, à défaut de titres, par une possession trentenaire antérieure et contraire [1].

382. Après avoir déterminé les caractères de la mitoyenneté du mur, et fait connaître les circonstances qui détruisent ou modifient les conséquences de la présomption établie à cet égard, la loi s'occupe des charges et des droits attachés à cette mitoyenneté.

383. La première obligation de tout copropriétaire d'un mur mitoyen, est de le réparer et le reconstruire proportionnellement à son droit (art. 655).

384. Mais cette communauté d'obligation n'existe pas lorsque c'est un seul des propriétaires qui, par son fait, a rendu les réparations ou la reconstruction nécessaires. Dans ce cas, seul il devrait y fournir [2].

385. Les inconvéniens inséparables de la réparation ou reconstruction doivent être supportés par chacun des copropriétaires, quel que soit le préjudice qui peut en résulter pour lui, lorsque

_____

(1) MM. Delvincourt, page 596. — Duranton, tome 5, n° 313, 314.

(2) Toullier, tome 3, n° 213. — M. Pardessus, n° 165, etc.

les ouvrages sont une obligation commune, sans qu'il puisse exiger aucune indemnité du copropriétaire auquel même ils ne préjudicieraient en aucune manière [1]. On sent qu'il en serait autrement si ces ouvrages étaient rendus nécessaires par le fait de l'un des copropriétaires qui serait alors tenu de toutes leurs conséquences.

386. Chacun des copropriétaires a une action à exercer contre l'autre, pour le contraindre à contribuer aux ouvrages qu'exigerait leur commun intérêt, et s'ils sont en désaccord sur cette nécessité, il est prononcé par la justice, après vérification d'experts. Mais aucun d'eux n'a le droit d'y faire procéder sans le concours de l'autre ou sans l'avoir mis en demeure; et celui qui, dans un cas qui ne serait pas de la plus urgente nécessité, aurait fait des travaux, de sa seule autorité, pourrait bien n'avoir aucune répétition à exercer contre l'autre

Par une conséquence du principe de la communauté d'obligation à cet égard, il faut reconnaître que si le mur doit être élargi, chacun des voisins fournit une portion égale de terrain. Si l'un d'eux veut le rendre plus épais, sans nécessité, seul il doit fournir l'excédant du terrain et de la dépense, sans acquérir, pour cela, plus de droits au mur que l'autre.

387. Cependant il est un moyen pour tout co-

---

[1] MM. Pardessus, n° 167. — Toullier, tome 3, n° 215, et c.

propriétaire d'un mur mitoyen de se dispenser de contribuer aux frais qu'il nécessite; c'est l'abandon de son droit de mitoyenneté (art. 656).

Le Code offre d'autres exemples où celui qui n'est obligé qu'à cause d'une certaine chose, peut se libérer par l'abandon de cette chose. Ainsi, d'après l'article 699, le propriétaire d'un fonds grevé d'une servitude qui nécessite des travaux qu'il doit faire, peut s'affranchir de la charge, par l'abandon du fonds. Ainsi encore l'acquéreur d'un immeuble peut, en le délaissant, se soustraire au paiement des dettes auxquelles l'immeuble est hypothéqué, aux termes de l'article 2168. Toutefois, cette faculté n'est pas accordée dans tous les cas qui peuvent présenter quelque analogie avec ceux qui viennent d'être cités; et, par exemple, le propriétaire qui aurait fait faire à grands frais des ouvrages d'art ou de fantaisie à sa maison, ne pourrait pas, en l'abandonnant, se dispenser de les payer.

588. La faculté d'abandonner le mur mitoyen, pour se dispenser d'en payer les réparations, n'est pas donnée à celui qui les a nécessitées par son fait, ou le fait de ceux dont il est responsable (1).

589. Cet abandon, qui n'a d'autre cause que le refus soit volontaire, soit forcé de se constituer en

_____

(1) Toullier, tome 3, n° 119. — M. Pardessus, n° 168, etc.

frais, ne devient définitif que lorsque celui des voisins qui reste seul propriétaire a fait procéder aux réparations ou reconstruction , et il est subordonné à l'accomplissement de cette condition. Si donc ce voisin , après avoir manifesté l'intention d'ouvrages nouveaux, laisse les choses en l'état, le droit de celui qui a fait l'abandon demeure entier. Il en est de même si , après avoir fait démolir le mur sous le prétexte de le reconstruire, ce voisin veut faire vendre les matériaux , sans rebâtir. Celui qui a fait l'abandon a droit à la moitié du prix de ces matériaux, ou des matériaux eux-mêmes s'ils ne sont pas vendus [1].

390. D'ailleurs, celui qui a fait l'abandon a le droit de rendre mitoyen le mur réparé ou reconstruit en remplissant les conditions dont il sera parlé ci-après.

391. L'abandon de la mitoyenneté du mur avec les conséquences qu'il produit , n'est pas permis à celui des voisins dont ce mur soutient le bâtiment (*id.*). Car , il continuerait aussi bien d'en profiter , sans être tenu des charges , ce qui serait contraire à l'équité.

392. Le rapprochement de l'article 656 et de

---

[1] MM. Delvincourt , tome 1 , page 401 , notes. — Toullier , tome 3, n° 220. — Duranton , tome 5 , n° 320.

l'article 663 qui impose aux voisins, dans les cas qu'il prévoit, l'obligation de la clôture, a fait naître une sérieuse difficulté. Elle consiste à savoir si, en abandonnant la part de terrain nécessaire à la moitié du mur de clôture, l'un des voisins peut s'affranchir de l'obligation de se clore.

L'affirmative enseignée par plusieurs auteurs et adoptée par la cour de cassation [1] se fonde principalement sur ce que l'article 656 contient une règle générale à laquelle l'article 663 n'a pas dérogé, ce qui résulte de la discussion du Code au conseil d'état.

Mais l'opinion contraire qui a aussi ses partisans [2] me semble plus conforme à l'esprit de la loi et à la raison. L'article 663, sur lequel je reviendrai, exige la clôture des propriétés et veut que chaque intéressé y contribue. Cette clôture est à la fois d'intérêt public et d'intérêt privé, et celui qui n'y contribuerait pas en profiterait nécessairement aussi bien que celui qui la ferait en entier à ses frais. Il y a donc une grande différence entre ce cas et celui d'un mur mitoyen qu'on peut abandonner, dans les cas généraux pour lesquels est fait l'article 656. Celui qui, pour s'affranchir de la clôture, abandonnerait une minime portion de terrain ne remplirait certainement pas l'intention de la loi dans l'article 663. C'est

---

(1) Malleville sur l'art. 456. — Toullier, tome 3, n° 218. — Sirey, 1820, 1-166. — Dalloz, 1828, 1-164.

(2) MM. Pardessus, n° 168. — Delvincourt, tome 1, page 400 notes. — Duranton, tome 5, n° 519. — Sirey, 1823, 2-334.

ainsi que le décidait la coutume de Paris à laquelle
il n'y a pas eu de raison pour déroger à cet égard, à
laquelle il n'est pas assez établi que le nouveau législateur ait voulu déroger. Enfin, l'article 656 règle
les cas généraux et l'article 663 un cas tout spécial.
Il faut donc appliquer le principe : *Species generi
derogat.*

393. Occupons-nous maintenant des droits dont
la mitoyenneté d'un mur autorise l'exercice. Le Code
ne pouvait pas les prévoir tous. Il règle seulement
la faculté de bâtir contre un mur mitoyen, d'y appliquer ou appuyer des ouvrages, de l'exhausser et
d'y faire des enfoncemens.

Tout copropriétaire peut faire bâtir contre un
mur mitoyen et y faire placer des poutres ou solives
dans toute l'épaisseur du mur, à cinquante-quatre
millimètres (deux pouces) près, sans préjudice du
droit qu'a le voisin de faire réduire à l'ébauchoir la
poutre jusqu'à la moitié du mur, dans le cas où il
voudrait lui-même asseoir des poutres dans le même
lieu, ou y adosser une cheminée.

Cette disposition concilie parfaitement les droits
des deux propriétaires qui peuvent les exercer, chacun de son côté, de la même manière.

L'ébauchoir est un instrument avec lequel on
peut enlever des portions de poutres sans les dépla-
cer.

394. Il faut que, conformément à l'article 674

celui qui veut bâtir laisse , pour certaines constructions , des distances intermédiaires.

595. Mais le droit de bâtir contre un mur emporte , à plus forte raison , celui d'y appuyer des
constructions de nature à ne pas préjudicier au voisin, comme un hangard , d'y appliquer un espalier ,
d'y faire faire des peintures ou tous autres ouvrages
qui ne seraient pas permis si le mur n'était pas mitoyen.

Il suffira , à ce sujet , d'énoncer le principe de
l'article 675 sur lequel je reviendrai plus tard , qui
ne permet pas à l'un des voisins de pratiquer aucune
fenêtre ou ouverture dans le mur mitoyen , sans le
consentement de l'autre.

596. Tout copropriétaire peut faire exhausser
le mur mitoyen. Mais il doit payer seul la dépense
de l'exhaussement , les réparations d'entretien au-
dessus de la hauteur de la clôture commune , et ,
en outre , l'indemnité de la charge en raison de
l'exhaussement et suivant la valeur (art. 658). Cette
indemnité a pour cause la plus prompte dégradation
du mur dont la durée est moindre par l'effet de la
surcharge. Au cas de discord , elle est réglée par
experts.

597. Ces obligations imposées à celui qui veut
exhausser laissent le copropriétaire sans prétexte
pour s'y opposer. Car la loi suppose aussi , en le dis-

pensant de toute contribution à l'exhaussement, qu'il ne doit en résulter aucun préjudice pour lui. L'exhaussement ne peut donc avoir lieu qu'avec le concours de ces deux circonstances, avantage pour celui qui le fait, absence de préjudice pour l'autre. S'il y a contestation à cet égard, les juges la décident d'après ces bases. Tels sont les principes de la nouvelle comme de l'ancienne jurisprudence [1].

398. Non seulement le copropriétaire a le droit d'exhausser le mur mitoyen; il peut encore lui donner plus de profondeur souterraine, lorsqu'il veut creuser des caves. Mais il doit prendre les précautions convenables pour que ces travaux n'occasionnent pas de dommages au voisin, et s'ils lui en causent, il doit l'indemniser. [2].

399. Ces principes règlent les cas où le mur mitoyen est en état de supporter l'exhaussement. Mais s'il en est autrement, celui qui veut l'exhausser doit le faire reconstruire en entier à ses frais, et l'excédant d'épaisseur doit se prendre de son côté (art. 659).

Ainsi reconstruit, quoique plus épais, le mur n'en restera pas moins mitoyen dans toute sa première hauteur. L'un des copropriétaires peut bien améliorer la chose commune, mais il ne peut pas diminuer les droits de l'autre à cette chose.

---

(1) Toullier, tome 3, nos 202, 203. — M. Pardessus, no 173, etc.
(2) M. Pardessus, no 175.

400. L'exercice de la faculté d'exhausser le mur mitoyen peut préjudicier au copropriétaire qui ne fait pas l'exhaussement , soit par la perte ou détérioration d'ouvrages qui étaient appliqués à ce mur, soit même par la nécessité où elle place ce propriétaire de suspendre ses travaux , son industrie. Ce dernier aurait-il à réclamer une indemnité contre son copropriétaire ?

Non , sans doute. Car cette faculté est légale ; son exercice et toutes ses conséquences naturelles devaient être prévus lors de la convention de mitoyenneté du mur ou à cause du seul fait de la présomption de cette mitoyenneté. Cependant quelques auteurs [1] ont pensé que, pour qu'il n'y ait pas lieu à indemnité , la durée des nouveaux ouvrages ne devait pas être trop longue et pouvait être fixée par exemple à quarante jours au plus , par analogie de la règle de l'article 1724.

401. Cet article , qui accorde une indemnité au locataire lorsque les réparations que fait le propriétaire à la chose louée durent plus de quarante jours , est fondé sur des motifs tout-à-fait inapplicables à la position des deux copropriétaires d'un mur mitoyen, ce qui n'a pas besoin de démonstration. Je ne pense donc pas qu'il puisse fournir un argument à l'opinion que je viens d'indiquer , et il me paraît difficile

---

[1] Toullier, tom. 5 , n°s 210, 211. — M. Pardessus, n° 174.

qu'une règle absolue soit posée en cette matière. S'il survient des contestations , à cause de la durée des ouvrages , entre l'auteur de l'exhaussement et son voisin , les circonstances devront être équitablement appréciées. Dans certains cas , le délai de quarante jours pourrait être trop long et , dans d'autres cas , il serait insuffisant [1].

402. Il est au surplus sans difficulté que tous les frais occasionnés par l'exhaussement , même du côté du voisin , dans le cas , par exemple , où il y aurait lieu à démolition et reconstruction d'un hangard appartenant à ce dernier , sont à la charge de celui qui fait exhausser.

403. C'est à celui-ci qu'appartient exclusivement l'exhaussement. Mais le voisin qui n'y a pas contribué peut en acquérir la mitoyenneté en payant la moitié de la dépense qu'il a coûté , et la valeur de la moitié du sol fourni pour l'excédant d'épaisseur , s'il y en a (art. 660). Déjà copropriétaire de la partie inférieure du mur divisoire , il n'y avait pas de raison pour lui refuser le droit de le devenir de la partie supérieure.

404. Des raisons de la même nature expliquent la disposition de loi qui permet à tout propriétaire

_____

(1) M. Duranton , tome 5 , n° 551.

joignant un mur de le rendre mitoyen en tout ou
partie , en remboursant au maître du mur la moitié
de sa valeur , ou la moitié de la valeur de la portion
qu'il veut rendre mitoyenne , et moitié de la valeur du sol sur lequel le mur est bâti (art. 661).

Cette disposition est générale et elle s'applique
aux murs des campagnes comme à ceux des villes.

405. Elle consacre évidemment une dérogation
au droit de propriété , en ce qu'elle force le propriétaire du mur à céder , contre sa volonté , une
partie de son bien. Aussi , il serait impossible de la
justifier , si on ne la rattachait pas au principe suivant lequel on peut être contraint de céder sa propriété , pour cause d'utilité publique. L'économie
d'un terrain qui peut être employé aux besoins de
l'agriculture , la régularité à observer dans les constructions pour l'aspect des villes , peuvent être en
effet des considérations d'intérêt général.

406. Mais rien de semblable n'autoriserait la
réciprocité de la faculté. Le propriétaire d'un mur
joignant l'héritage d'autrui ne peut donc pas forcer
son voisin à en acquérir la mitoyenneté.

407. Pour que cette faculté soit exercée , il
faut que l'héritage de celui qui veut acquérir la
mitoyenneté soit contigu au mur. Cependant s'il
existait un espace intermédiaire trop peu considérable pour pouvoir être employé à un usage ordi-

naire, la mitoyenneté du mur n'en pourrait pas moins être acquise [1].

408. On ne suivrait plus aujourd'hui la disposition de la coutume de Paris dont l'article 194 n'autorisait l'acquisition de la mitoyenneté d'un mur que lorsque l'acquéreur voulait l'utiliser en bâtissant de son côté. Le code n'impose plus cette condition, et il suffit de la volonté d'acquérir, même sans aucune utilité [2].

409. Nous verrons plus tard (n° 471) quel est l'effet de l'exercice de cette faculté d'acquérir, lorsqu'il existe des jours ou des fenêtres dans le mur qu'on veut rendre mitoyen.

410. Quant au prix dû par l'acquéreur de la mitoyenneté, il y a une différence remarquable entre celui qui acquiert l'exhaussement donné à un mur mitoyen et celui qui acquiert la mitoyenneté d'un mur. Le premier doit payer *la moitié de la dépense qu'a coûté l'exhaussement*, et le second *la moitié de la valeur du mur*, ce qui est ou peut être bien différent. La raison en est qu'il ne dépendait que du copropriétaire du mur mitoyen de contribuer

---

(1) MM. Delvincourt, tome 1, page 397, notes. — Pardessus, n° 154.

(2) Toullier, tome 5, p. 193. — M. Pardessus, n° 155 etc.

à l'exhaussement, et qu'il ne doit pas être encouragé dans son refus de le faire, par l'espoir d'acquérir à un prix inférieur à la dépense réelle; tandis que celui qui veut acquérir la mitoyenneté d'un mur qui d'ailleurs peut être très ancien, n'a eu le droit ni, dans certains cas, la possibilité d'intervenir dans sa construction. Il ne peut donc être soupçonné d'aucun calcul préjudiciable au voisin, et il ne doit équitablement que le prix suivant la valeur actuelle du mur au moment de son acquisition.

411. J'ai à parler maintenant de la disposition qui n'est que l'expression d'une règle de droit commun, et qui défend à chaque voisin de pratiquer dans le corps d'un mur mitoyen, aucun enfoncement, ou d'y appliquer ou appuyer aucun ouvrage sans le consentement de l'autre, ou sans avoir à son refus fait régler par experts les moyens nécessaires pour que le nouvel ouvrage ne soit pas nuisible aux droits de l'autre (art. 662).

Cet article régit le cas où il s'agirait d'ouvrages qui pourraient préjudicier au voisin, tels que ceux dont il est question dans l'article 674. Mais les précautions qu'il prescrit ne s'appliquent pas aux cas où l'un des copropriétaires n'exercerait que les droits exprimés dans l'article 657 [1].

412. La servitude de clôture n'existe pas dans

---

[1] M. Duranton, tome 5, n° 535.

les campagnes où chacun est libre de clore ses propriétés ou de les laisser ouvertes. Des raisons d'intérêt
général et de sûreté publique ont fait admettre cette
servitude dans les villes et faubourgs où chacun
peut contraindre son voisin à contribuer aux constructions et réparations de la clôture faisant séparation de leurs maisons, cours et jardins qui y
sont situés (art. 663).

413. Cette disposition peut faire naître des difficultés, dans son application, lorsqu'il s'agira de bien
déterminer ce qu'on doit entendre par *villes.* Dans
le doute, il faudra recourir, en règle générale, à
l'autorité administrative, ou bien se décider d'après
l'importance du lieu en question, ou les anciens
indices qu'il peut présenter. Un chef-lieu d'arron-
dissement, par exemple, devra toujours être réputé
ville ; souvent aussi des titres anciens, des restes de
fortifications, motiveront la même qualification [1].

Il y a moins d'incertitude sur les *faubourgs.* On
désigne, sous ce nom, la continuité de maisons
agglomérées qui sont hors des portes ou de l'enceinte
des villes.

414. Suivant le principe qui restreint dans les
termes qui les constituent les servitudes et les droits

_____

[1] MM. Delvincourt, tome 1, page 392, notes. — Pardessus,
n° 147, etc.

onéreux en général, ce n'est qu'entre *maisons*, *cours* et *jardins* que la clôture est forcée, puisque la loi n'y a pas soumis expressément les héritages d'une autre nature [1]. On objecte néanmoins contre cette opinion que l'article 663 doit s'appliquer à tous les objets fonciers, et que si cet article n'en désigne que de trois espèces, c'est parce qu'il n'en peut guère exister d'une autre nature dans les villes ou les faubourgs [2].

415. La hauteur de la clôture est fixée suivant les règlemens particuliers ou les usages constans et reconnus; et, à défaut d'usages et de règlemens, tout mur de séparation entre voisins qui sera construit ou rétabli à l'avenir, doit avoir au moins trente-deux décimètres (dix pieds) de hauteur, compris le chaperon, dans les villes de cinquante mille âmes et au-dessus et vingt-six décimètres (huit pieds) dans les autres (*id.*)

416. Ce n'est qu'autant que les voisins ne seraient pas d'accord que la hauteur du mur de clôture devrait être fixée, d'après ces bases. Car il dépend d'eux d'augmenter ou de réduire cette hauteur, à leur convenance ou selon leur volonté mutuelles [3].

---

(1) Toullier, tome 5, n° 165. — M. Delvincourt, *loc. cit.*

(2) M. Pardessus, n° 148.

(5) Toullier, tome 5, n° 162, etc.

417. Le Code ne détermine ni l'épaisseur que doit avoir le mur de clôture, ni les matériaux qui doivent être employés à sa construction. Pour l'épaisseur, elle devra être proportionnée à l'élévation ; et les matériaux seront déterminés d'après l'usage. Il paraît même équitable de prendre en considération, à cet égard, soit l'importance des héritages qui doivent être clos, soit la fortune de leurs propriétaires.

418. Le sol des héritages, dont la clôture est forcée, peut être inégal, de telle sorte que le mur de clôture ait d'un côté la hauteur requise et ne l'ait pas de l'autre. Quel sera, dans ce cas, le mode de contribution à ce mur entre les deux propriétaires ?

Des difficultés se sont élevées sur ce point dont la solution me paraît néanmoins assez simple et assez naturelle. Le mur doit être construit sur la ligne séparative des deux héritages. Son objet étant d'empêcher chacun des voisins de s'introduire chez l'autre, le mur doit avoir, de chaque côté, la hauteur que la loi détermine. Il suit de là que le propriétaire du fonds inférieur ne doit contribuer qu'à l'élévation légale du mur de son côté, et que l'excédant de hauteur qu'aura le mur du côté de l'héritage supérieur sera exclusivement à la charge du propriétaire de cet héritage. Peu importe la destination de la partie de mur inférieure au terrain supérieur, qu'elle retienne une partie du fonds supérieur et profite ainsi à son propriétaire, qu'elle préserve le fonds inférieur d'éboulemens qui pourraient lui nuire et profite ainsi au propriétaire de ce fonds. Cette partie inférieure sera, par sa situation, toujours mitoyenne, quoiqu'elle ne serve à la clôture que d'un côté, et l'opinion que je viens d'émettre me paraît la conséquence rigoureuse et nécessaire des obligations qu'impose la servitude de clôture [1].

Elle ne serait susceptible d'être modifiée qu'en vertu de conventions ou d'usages contraires.

419. La clôture étant forcée dans les villes et les faubourgs, il en résulte que, si l'un des voisins a fait seul construire le mur divisoire, il peut contraindre l'autre, par l'action de gestion d'affaires, à lui rembourser la moitié de ses dépenses. Je pense même que s'il s'agissait d'un mur divisoire construit par un seul des voisins, avant le Code, dans une ville où la clôture n'était pas forcée, le propriétaire de ce mur pourrait contraindre le voisin à lui payer la moitié de sa valeur. Qu'on ne dise pas que ce serait donner un effet rétroactif à la loi ; c'est faire directement ce qu'on aurait le droit de faire indirectement. Car, dans le système contraire, le seul propriétaire du mur aurait incontestablement le droit de le démolir et puis l'action en clôture à frais communs que la loi lui donne [2].

---

(1) Toullier, tome 3, n° 162. — MM. Pardessus, n° 150. — Delvincourt, tome 1, page 393.

(2) La question est controversée. Voyez en divers sens MM. Pardessus, n° 152. Toullier, tome 3, n° 164, à la note. Delvincourt, *loc. cit.* Duranton, tome 5, n° 323.

420. Lorsque les différens étages d'une maison appartiennent à divers propriétaires, leurs droits respectifs peuvent être réglés par leurs titres de propriété, en ce qui concerne les réparations et reconstructions; sinon, la loi fait connaître comment chacun d'eux doit y contribuer. Les gros murs et le toit sont, dans ce cas, à la charge de tous les propriétaires, chacun en proportion de la valeur de l'étage qui lui appartient. Le propriétaire de chaque étage fait le plancher sur lequel il marche. Le propriétaire du premier étage fait l'escalier qui y conduit; le propriétaire du second étage fait, à partir du premier, l'escalier qui conduit chez lui, et ainsi de suite (art. 664).

421. Quoique ce soit au titre des servitudes que ces droits sont réglés, il est certain qu'il s'agit dans la disposition précitée, d'un droit de communauté, de copropriété, plutôt que de servitude dont on ne retrouve pas ici les caractères distinctifs. C'est sur l'intérêt, le droit de chacun des copropriétaires à la chose commune que ses obligations sont mesurées. On a cependant remarqué avec raison que la disposition qui met à la charge exclusive du propriétaire du premier étage, l'escalier qui y conduit, n'est pas équitable, puisque cet escalier profite aussi aux propriétaires des étages supérieurs. Mais la loi a voulu établir une règle uniforme pour éviter les procès.

422. L'obligation pour le propriétaire de chaqu

étage de faire le plancher sur lequel il marche, ne comprend pas le plafond qui orne l'étage inférieur et n'a pas d'utilité pour le supérieur [1].

423. Pour déterminer la manière dont chacun des copropriétaires contribue aux charges communes, il se fait une opération d'experts qui sert de base à une division proportionnelle du prix ou ventilation.

424. Le rez-de-chaussée compte pour un étage. S'il se trouvait donc au-dessous des caves même communes à tous les propriétaires, qui ne seraient séparées du rez-de-chaussée que par un plancher, il serait à la charge du propriétaire du rez-de-chaussée. Mais si la destination ou la solidité des caves exigeaient des dépenses plus considérables, comme seraient celles d'une voûte, chacun y contribuerait dans la mesure de son intérêt. Il en serait de même de l'escalier qui conduirait à une cave commune, de celui qui aboutirait à un grenier, ainsi que du toit et du plancher de ce grenier et autre cas analogues. C'est à ce point d'équité que me paraissent devoir être ramenées les opinions diverses exprimées à cet égard [2].

---

(1) M. Duranton, tome 5, n° 344.

(2) MM. Pardessus, n° 193. — Delvincourt, tome 1, n° p. 385. — Duranton, tome 5, n° 342.

425. Le Code ne parle pas des contributions auxquelles cette maison commune à plusieurs serait sujette. Chacun devrait supporter l'impôt des portes et fenêtres de son étage, conformément aux règles de cette matière. Les autres seraient considérés comme une charge commune, et supportés par chacun, proportionnellement à son droit.

426. Si la maison est détruite en totalité par un incendie ou tombe en entier de vétusté ou par suite de quelque accident, chacun des copropriétaires contribuera à la reconstruction sur les bases déjà indiquées et selon le degré de son intérêt. L'abandon du droit sera le seul moyen de se soustraire à cette obligation.

427. En règle générale, les servitudes s'éteignent par la perte ou la destruction de l'héritage qui les doit ou de celui à qui elles sont dues, et elles revivent si les choses sont rétablies de manière qu'on puisse en user (art. 703, 704). C'est par application de cette règle qu'il est décidé que lorsqu'on reconstruit un mur mitoyen ou une maison, les servitudes actives, c'est-à-dire, celles qui sont dues à l'objet reconstruit et les passives, c'est-à-dire, celles que supporte cet objet, se continuent pour ou contre le nouveau mur ou la nouvelle maison, sans toutefois qu'elles puissent être aggravées, et pourvu que la reconstruction se fasse avant que la prescription soit acquise (art. 665). Cette restriction, relative à la prescription, demande des développemens qui seront mieux placés ci-après, n° 559.

428. Les fossés peuvent avoir pour objet l'écoulement des eaux, ou la division des héritages. Au premier cas, ils sont sujets à des règlemens ou mesures de police dont je ne m'occuperai pas, parce que le Code est muet sur ce point. Au second cas, ils sont réglés par le Code.

Tous fossés entre deux héritages sont présumés mitoyens, s'il n'y a titre ou marque du contraire (art. 666).

429. Une borne équivaudrait à un titre pour prouver la non mitoyenneté, et le fossé serait considéré, jusqu'à preuve contraire, une dépendance de l'héritage qu'il séparerait de la borne.

430. Les effets du titre ou de la borne pourraient être détruits par une possession contraire qui aurait duré trente ans, avec toutes les circonstances voulues pour la prescription.

431. Le Code détermine la marque de non mitoyenneté. Elle résulte du fait que la levée ou le rejet de la terre se trouve seulement d'un côté du fossé (art. 667) qui est censé alors appartenir exclusivement à celui du côté duquel le rejet se trouve (art. 668).

432. Ainsi, d'après la loi qui nous régit, on

n'admet d'autre marque de non mitoyenneté que le rejet de la terre du fossé d'un de ses côtés. On ne doit donc pas reconnaître le même caractère à des signes particuliers qui , en vertu d'anciennes coutumes ou usages antérieurs au Code , établissaient , en certains lieux , la non mitoyenneté. Ces signes ne produiraient aucun effet , s'il s'agissait de fossés faits postérieurement au Code [1]. Mais si le fossé était ancien et d'une existence antérieure au Code , les signes anciens qui auraient été conservés prouveraient la non mitoyenneté. Leur effet ne pourrait être méconnu que par une rétroactivité qui n'est pas dans la loi.

433. Toutefois le rejet de la terre , pour détruire la présomption de la mitoyenneté , doit être accompagné de certaines circonstances qui concourent à établir la propriété exclusive de l'un des voisins. Il ne suffirait donc pas d'un rejet fait clandestinement , ou résultant d'une voie de fait ou d'une surprise. Il faut qu'il y ait possession de ce rejet , et cette possession ne peut être établie que par une jouissance exclusive et sans trouble d'une année au moins. Alors en effet l'action possessoire ne serait plus recevable de la part du voisin , et la possession annale produirait ses effets ordinaires jusqu'à preuve contraire [2].

---

(1) MM. Pardessus , n° 183. — Duranton , tome 5, n° 354, etc.
(2) MM. Pardessus , n° 183. — Duranton , tome 5, n° 356.

454. Le curage du fossé fait exclusivement, même pendant plusieurs années consécutives, par un seul, ne ferait pas cesser la présomption de mitoyenneté. Il faut nécessairement, pour qu'il en soit ainsi, qu'il y ait rejet de la terre d'un seul côté.

La clôture, au moyen du fossé ou de toute autre manière, de l'un des héritages, tandis que l'autre serait ouvert, ne serait pas plus efficace que le curage [1].

455. L'entretien du fossé mitoyen est supporté en commun par les copropriétaires (art. 669). Mais l'un d'eux pourrait-il se dispenser de contribuer à cette charge, en abandonnant sa part du fossé, comme peut le faire le copropriétaire d'un mur mitoyen ? L'affirmative ne paraît pas pouvoir souffrir de difficulté, la raison de décider étant absolument la même [2]. L'auteur de l'abandon ne pourra plus conduire ses eaux dans le fossé ni y laisser tomber ses terres. Il faut aussi reconnaître, en suivant toujours l'analogie de ce cas avec celui où il est question de l'abandon d'un mur mitoyen, que si le fossé n'est pas entretenu, l'abandon est censé n'avoir pas eu lieu. Ce n'est en effet qu'à cette condition de l'entretien par le voisin qu'il avait été fait.

---

(1) M. Pardessus, *loc. cit.*

(2) M. Duranton, tome 5, n° 560, etc.

436. Il faut néanmoins observer que cette faculté de se dispenser de contribuer à l'entretien du fossé, en l'abandonnant, ne peut pas être exercée, si le fossé est nécessaire à l'écoulement d'eaux pluviales ou autres. Cet entretien est, dans ce cas, une charge imposée aux propriétaires riverains [1].

437. Chacun des propriétaires du fossé qui ne serait pas indispensable au service des deux propriétés peut en exiger le partage. Le partage de tout objet indivis est en effet de droit commun; et d'ailleurs celui qui voudrait conserver un fossé serait toujours libre d'en creuser un en entier sur son fonds [2].

438. Les raisons qui ont fait accorder au propriétaire d'un héritage joignant un mur, la faculté de le rendre mitoyen, n'étant pas applicables à un fossé, le voisin du fossé ne peut pas forcer celui qui en est propriétaire à lui en céder la mitoyenneté.

439. Certains usages locaux exigeaient que celui qui creusait un fossé laissât un espace intermédiaire qui le séparât de la propriété voisine; il en résulterait donc, pour le propriétaire du fossé, la présomption de propriété de cet espace. Le Code n'ad-

---

(1) M. Pardessus, n⁰ˢ 85, 184, etc.
(2) M. Duranton, tome 5, n° 361. — Cà M. Pardessus, n° 185

met plus cette présomption , de cela seul qu'il consacre celle de la mitoyenneté de tout fossé divisoire.
Cependant, le droit commun qui défend de préjudicier d'une manière quelconque à autrui, doit soumettre celui qui creuse un fossé à la limite de son
héritage , à laisser en dehors une portion convenable de son terrain , afin de ne pas provoquer les
éboulemens de celui du voisin (1).

440. La présomption légale de mitoyenneté existe
aussi pour toute haie qui sépare des héritages , à
moins qu'il n'y ait qu'un seul des héritages en état
de clôture , ou s'il n'y a titre ou possession suffisante
au contraire (art. 670). La loi ne distingue pas, à
cet égard, les haies vives des haies sèches, celles qui
sont à la ville de celles qui sont à la campagne.

Le Code exigeant , comme nous le verrons incessamment , une distance entre la haie et la propriété
du voisin , la non observation dé cette distance devait faire présumer la mitoyenneté.

441. Néanmoins, cette présomption n'existe pas
lorsqu'il n'y a qu'un seul des héritages divisés par
la haie qui soit en état de clôture quelconque résultant de haies, murs ou parois , en un mot de toutes autres choses qu'un fossé , qui entourent et

(1) MM. Pardessus , n° 185. — Toullier , n° 227. — Duranton ,
tome 5 , n° 364.

enferment cet héritage dans toutes ses parties. La destination de la haie est alors la clôture de cet héritage et non pas la division des propriétés. Il suit de là que la présomption de mitoyenneté existe lorsque les deux héritages sont clos, aussi bien que lorsque aucun d'eux ne l'est.

442. Cette présomption cède à la preuve contraire résultant de titres. Ainsi que nous l'avons déjà vu pour le fossé mitoyen, les bornes produisent le même effet que les titres.

443. La possession contraire emporte, aussi, la présomption de mitoyenneté. La loi dit *possession suffisante*, ce qui laisse dans l'incertitude la durée que doit avoir cette possession. Les principes qui ont déjà été invoqués à cet égard relativement au mur mitoyen doivent faire reconnaître que, dans ce cas aussi, la possession annale est suffisante. Mais cette possession annale serait rendue sans effet par un titre opposé, ou par une possession trentenaire antérieure.

444. Dans l'ancien droit, il pouvait y avoir des difficultés sur la mitoyenneté d'une haie d'un côté de laquelle se trouvait un fossé. Les règles de la mitoyenneté du fossé doivent les faire disparaître aujourd'hui. Il n'y aura donc pas question si le fossé est mitoyen; la haie sera la propriété exclusive de celui du côté duquel le fossé la place.

Si le fossé n'étant pas mitoyen, la haie se trouve du côté du fonds du seul propriétaire du fossé, elle appartiendra sans aucun doute à ce propriétaire. Dans le cas contraire, le fossé ne sera pas pris en considération et la mitoyenneté ou non mitoyenneté de la haie seront réglées par les principes généraux à cet égard qui viennent d'être exposés.

S'il s'agissait d'une haie et d'un fossé anciens, on devrait, dans le doute, consulter les anciens usages locaux.

Les circonstances même, peuvent être appréciées, et la difficulté peut être diversement résolue, selon qu'elles ameneraient à penser que le fossé a été fait ou non pour la conservation de la haie [1].

445. L'entretien de la haie commune est à la charge des propriétaires qui profitent aussi également des avantages qu'elle peut procurer tels que branches, fleurs, fruits. Cependant l'un des propriétaires peut se dispenser de contribuer à cet entretien par l'abandon de son droit à la haie.

446. La faculté qu'accorde la loi d'acquérir la mitoyenneté d'un mur ne peut pas s'exercer pour la haie de même que pour le fossé. Il y a même une raison de plus pour le décider ainsi, à l'égard de la

---

[1] MM. Delvincourt, tome 1, page 599, notes. — Duranton, tome 5, n° 375.

haie ; c'est l'obligation de celui auquel elle appartient de laisser un espace intermédiaire.

447. Il ne faut pas conclure de ce qui a été dit plus haut (n° 437), que chacun des copropriétaires du fossé mitoyen peut en demander le partage et, par conséquent, le détruire, que le même droit existe pour la haie mitoyenne, au moins s'il s'agit d'une haie vive. Une haie ne pourrait pas en effet être immédiatement remplacée, comme un fossé ; son partage ou sa destruction pourraient trop préjudicier au propriétaire.

Cette opinion serait corroborée au besoin par l'article 673 qui, en disposant que les arbres qui se trouvent dans la haie mitoyenne sont mitoyens comme la haie, donne à chacun des deux propriétaires le droit de requérir qu'ils soient abattus, sans accorder la même faculté pour la destruction de la haie.

448. Au reste, la propriété de ces arbres se juge par la situation du tronc. Le Code donne à chacun des propriétaires le droit d'exiger qu'ils soient abattus, soit pour prévenir les difficultés que leurs produits ou leurs développemens pourraient faire naître entre eux, soit pour faire qu'ils ne soient pas préjudiciables à la haie commune.

---

(1) M. Duranton, tome 5, n° 581.

L'un des propriétaires peut exiger la destruction de ces arbres, quelle que soit leur ancienneté. Ce droit n'est pas sujet à la prescription qui n'a jamais lieu entre ceux qui jouissent en commun.

449. Le Code s'occupe des arbres pour déterminer la distance à laquelle ils doivent être placés de la propriété du voisin, et ensuite les droits que peut exercer le voisin si cette distance n'a pas été observée.

Il n'est permis de planter des arbres à haute tige qu'à la distance prescrite par les règlemens particuliers actuellement existans, ou par les usages constans et reconnus; et, à défaut de réglemens et d'usages, qu'à la distance de deux mètres de la ligne séparative des deux héritages pour les arbres à haute tige et à la distance d'un demi-mètre pour les autres arbres et haies-vives (art. 671).

Le voisin peut exiger que les arbres et haies plantés à une moindre distance soient arrachés. Celui sur la propriété duquel avancent les branches des arbres du voisin, peut contraindre celui-ci à couper ces branches. Si ce sont les racines qui avancent sur son héritage, il a le droit de les y couper lui-même (art. 672).

Ainsi, le Code conserve encore toute leur force aux règlemens et aux usages locaux, pour la distance à laquelle les arbres doivent être plantés; et l'ensemble de l'article 671 prouve bien qu'il en est ainsi pour les arbres de toute espèce et les haies, quoique sa première disposition ne mentionne que les arbres à haute tige. Cette distance peut en effet varier selon la nature du sol, les productions du climat. La loi ne fixe une distance que lorsqu'il n'y a ni règlemens ni usages locaux.

450. Cependant, le droit qu'elle donne d'exiger que les arbres et haies placés à une moindre distance, soient arrachés, peut être rendu sans effet par la prescription, c'est-à-dire par le laps de trente années écoulées sans réclamation depuis leur plantation. Leur existence constitue une servitude continue et apparente susceptible de s'acquérir par prescription (art. 688, 689, 690) [1].

451. Mais ces arbres, qu'une possession de trente ans donne le droit de conserver, peuvent-ils être remplacés par d'autres qui jouissent du même droit ?

Pour l'affirmative de cette question controversée, on dit que la servitude étant acquise ne peut pas se perdre par le simple changement des lieux que produirait l'abattage de ces arbres, et qu'il faut que ce changement ait duré trente ans, conformément à l'article 704 [2].

Mais, réduite à ses véritables effets, cette possession de trente ans ne donne que le droit de conser-

---

(1) MM. Pardessus, n° 195. — Toullier, tome 3, n° 515. — Duranton, tome 5, n° 390, etc.

(2) M. Pardessus, loc. cit. — Favard, rép. v° servitudes, section 2, § 5, n° 2.

ver les arbres possédés. Autre chose est acquérir par prescription le droit d'avoir à perpétuité des arbres à un lieu déterminé, autre chose est le droit de conserver identiquement les arbres qu'on possède; et la prescription se renferme dans son objet suivant la règle : *Quantùm possessum, tantum præscriptum* [1].

452. On peut même conclure des termes de l'article 694, sur lequel je reviendrai, que si des arbres à une distance moindre que la légale se trouvraient sur celui des deux héritages ayant appartenu au même propriétaire, qui a été aliéné par lui, il y aurait destination du père de famille qui devrait faire maintenir la servitude [2].

455. Dans le cas où un arbre est planté à la distance voulue par la loi, le voisin qui ne peut pas exiger qu'il soit arraché, peut au moins contraindre le propriétaire de cet arbre à couper les branches qui avancent sur son héritage. Ce droit peut même être exercé, nonobstant tous règlemens et usages contraires. Car l'article 672 ne se réfère pas comme celui qui le précède, aux règlemens et usages locaux. Le propriétaire de l'arbre ne peut pas même opposer la prescription à cet égard [3].

---

(1) Sirey, 26-2-20. — M. Duranton, tome 5, n° 59.

(2) M. Duranton, tome 5, n° 389.

(5) Sirey, 11-1-81. — M. Pardessus, n° 196, etc.

454. Des arrêts avaient jugé que cette disposition de l'article 672 s'appliquait aux forêts domaniales. Mais il n'en pourrait plus être de même aujourd'hui que l'article 150 du nouveau Code forestier porte que l'article 672 du Code civil n'est pas applicable à l'élagage des lisières des bois et forêts, si les arbres des lisières ont plus de trente ans.

455. Si les branches qui avancent sur la propriété du voisin n'ont pas été coupées, parce que celui-ci n'a pas usé de son droit, les fruits qu'elles produiront appartiendront incontestablement, comme les autres, au propriétaire de l'arbre. Mais ce dernier aura-t-il le droit de passer sur le fonds de son voisin pour aller les cueillir ?

Ce droit résultait de plusieurs dispositions de lois romaines, et des auteurs modernes pensent qu'il en doit être de même aujourd'hui [1]. Ils se fondent sur ce que c'est une servitude qu'établissent les lois du bon voisinage.

Je ne saurais adopter cette opinion contraire à la liberté naturelle des propriétés et qui crée une servitude de passage qui n'est pas écrite dans le Code. Les anciennes lois, usages ou coutumes non expressément conservés par le Code sont abrogés par la loi du 30 ventôse an XII [2].

---

(1) MM. Pardessus, n° 196. — Toullier, tome 5, n° 157. — Favard, rep. v° servitudes, section 2, § 5, n° 4.

(2) M. Duranton, tome 5, n° 400.

456. Il est à remarquer que, tandis que la loi autorise celui sur la propriété duquel avancent les branches du voisin à contraindre celui-ci à les couper, et ne lui donne pas le droit de se faire justice, en les coupant lui-même, les racines de l'arbre qui avancent sur l'héritage d'un autre propriétaire, peuvent être coupées par ce dernier. Le motif de cette différence vient sans doute de ce que le non propriétaire de l'arbre aurait pu lui préjudicier, en coupant mal les branches, à dessein ou involontairement; et de ce que le même inconvénient n'est pas à craindre pour les racines dont le mode d'extraction est fort indifférent. D'ailleurs ce dernier droit n'est qu'une application du principe qui permet à chacun de creuser et fouiller dans son fonds.

SECTION II.

De la distance et des ouvrages intermédiaires requis pour certaines constructions.

SOMMAIRE.

457. *Les servitudes de cette section modifient l'exercice du droit de propriété. Elles consistent* à ne pas faire.
458. *Texte de l'article 674 dont les dispositions ne sont pas limitatives.*
459. *Le Code n'établit pas une distance légale pour les*

17

457. Les servitudes, comme nous le savons déjà, consistent non-seulement à souffrir, mais encore à ne pas faire. Elles sont alors des restrictions du droit de propriété, fondées tantôt sur l'intérêt public, tantôt sur l'intérêt privé. La loi en donne notamment les exemples suivans :

458. Celui qui fait creuser un puits ou une fosse d'aisance près d'un mur mitoyen ou non ; celui qui veut y construire cheminée ou âtre, forge, four ou fourneau, y adosser une étable, ou établir contre ce mur un magasin de sel ou amas de matières corrosives, est obligé à laisser la distance prescrite par les règlemens et usages particuliers sur ces objets, ou à faire les ouvrages prescrits par les mêmes règlemens et usages, pour éviter de nuire au voisin (art. 674).

Les dispositions de cet article ne sont pas limitatives ; et il est certains cas qu'il ne mentionne pas auxquels elles sont applicables ; ce qui devra avoir lieu toutes les fois que des ouvrages ayant des rapports avec ceux qu'il énumère, et qui seraient susceptibles de nuire au voisin, seront exécutés [1].

459. Il est à regretter que la loi qui veut que, pour ces diverses constructions, on observe la distance prescrite par les règlemens et usages, n'ait pas fixé, comme elle l'a fait pour les arbres, une distance légale pour les lieux où il n'y aurait ni usages, ni règlemens. Elle aurait ainsi prévenu d'assez graves difficultés. Mais les doutes qui naîtraient à cet égard devraient être équitablement résolus, de manière à concilier les intérêts et les droits des deux propriétaires. Les règlemens faits pour d'autres localités pourraient être consultés. L'ancienne coutume de Paris offre, par exemple, ce qu'il y a de plus complet sur cette matière, depuis l'article 188 jusqu'à l'article 192.

460. Il n'aura pas toujours suffi à celui qui a fait des constructions de la nature de celles que mentionne l'article 674, de s'être littéralement conformé à ses prescriptions. Si, malgré cela, ses ouvrages sont encore préjudiciables au voisin, il lui devra une indemnité, par application du principe général de l'article 1382 [2].

---

(1) M. Pardessus, n° 199.

(2) MM. Pardessus, n° 201. — Toullier, tome 3, n° 552, etc.

461. Certaines des prohibitions de l'article 674 sont d'intérêt général, d'autres seulement d'intérêt privé. Il dépend des intéressés de régler et modifier ces dernières, par des conventions qui doivent recevoir leur exécution. Par la même raison, la prescription peut, dans ce cas, consacrer des droits en opposition avec les termes de cet article. Mais ni la prescription, ni des conventions particulières ne peuvent modifier les prohibitions qui sont fondées sur l'intérêt public [1].

462. Des dispositions particulières que je n'ai pas à examiner exigent, outre l'exécution du principe de l'article 674, l'autorisation administrative que précèdent des formalités déterminées, pour fonder certains établissemens ou usines. Il y a, à cet égard, des règles et une jurisprudence spéciales.

SECTION III.

Des vues sur la propriété de son voisin.

SOMMAIRE.

---

[1] MM. Pardessus, nº 201. — Delvincourt, tome 2, page 402, notes.

466. *Ouvertures qui peuvent être pratiquées dans le mur qui joint immédiatement l'héritage d'autrui.*

467. *Le Code ne prescrit rien pour la dimension de ces ouvertures qu'on appelle* jours de souffrance.

468. *C'est toujours à partir du sol du propriétaire de ces jours que leur élévation légale se calcule. Controverse.*

469. *Quid s'ils servent à éclairer un escalier. Des soupiraux des caves.*

470. *La prescription ne peut pas attribuer, en ce qui concerne ces jours, aucun droit nuisible au voisin.*

471. *Le voisin qui acquiert la mitoyenneté du mur ne peut faire fermer les jours que s'il veut bâtir.*

472. *Des vues. Elles peuvent être droites ou obliques.*

473. *Des vues droites.*

474. *La distance légale n'est pas requise si l'espace intermédiaire est une rue ou un chemin public.*

475. *Ou s'il se trouve un mur entre les vues et l'héritage voisin. Diverses hypothèses à cet égard.*

476. *Lorsque la distance légale n'existe pas, il ne peut y avoir que des jours de souffrance.*

47. *Des vues obliques.*

42. *Les balcons et autres ouvrages en saillie constituent des vues droites.*

479 *Les vues à une distance moindre que la légale, peuvent s'acquérir par prescription.*

480. *'ette prescription n'empêchera pas le voisin de les ndre inutiles par des constructions.*

481. *Qd si les vues sont établies en vertu de titres.*

482. *Coment se mesure la distance requise pour les vues. Divrs cas.*

483. *Rédaction incomplète de l'article* 689 , *en ce qui concerne les vues obliques. Moyen d'y suppléer.*

463. Les expressions *jours* , *vues* sont employées plusieurs fois dans les dispositions de loi qui composent cette section. Leur acception est bien différente. Les *jours* ont seulement pour objet de donner passage à la lumière. Les *vues* procurent l'aspect des objets extérieurs.

464. Le premier principe posé par le Code à cet égard est que l'un des voisins ne peut, sans le consentement de l'autre, pratiquer, dans le mur mitoyen, aucune fenêtre ou ouverture, en quelque manière que ce soit, même à verre dormant (art. 675).

On appelle *verre dormant* celui qui est incrusté dans un châssis attaché au mur et qui ne peut s'ouvrir.

Cette prohibition est une conséquence de la copropriété, pour les deux voisins, de l'entier mur. Autre chose est le droit qu'on a d'adosser des ouvrages contre le mur mitoyen, autre chose la faculté qu'on n'a pas de le percer de part en part.

465. Mais si le mur mitoyen est exhaussé par l'un des voisins, il peut pratiquer, dans l'exhaussement, certaines ouvertures conformes aux prescriptions que bientôt je ferai connaître.

466. Celui qui est seul propriétaire d'un mur

qui joint immédiatement l'héritage d'autrui devait avoir, comme il a en effet, plus de droit que l'un des copropriétaires du mur mitoyen. Il peut pratiquer, dans son mur, des jours ou fenêtres à fer maillé (un grillage ou treillis en fer) et verre dormant. Ces fenêtres doivent être garnies d'un treillis de fer dont les mailles (ouvertures formées par des fils de fer qui se croisent) auront un décimètre (environ trois pouces huit lignes) d'ouverture au plus, et d'un châssis à verre dormant (art. 676).

Ces fenêtres ou jours ne peuvent être établis qu'à vingt-six décimètres (huit pieds) au-dessus du plancher ou sol de la chambre qu'on veut éclairer, si c'est à rez-de-chaussée, et à dix-neuf décimètres (six pieds) au-dessus du plancher, pour les étages supérieurs (art. 677).

467. Ces deux articles ne s'appliquent qu'à des jours généralement désignés sous le nom de *jours de souffrance.* Il est à remarquer que la loi qui détermine certaines conditions de leur existence et l'élévation qu'ils doivent avoir au-dessus du plancher du sol, laisse au propriétaire du mur toute liberté, en ce qui concerne la largeur ou la hauteur de l'ouverture elle-même.

468. Cette élévation réglée par la loi ne varie pas, lors même que le sol du voisin serait plus élevé que le plancher ou sol du propriétaire du mur, et que du côté de ce voisin, l'ouverture ne serait pas à la hauteur requise. L'article 677 est conçu de manière à ne pas laisser de doute sur ce point [1]. Cependant l'opinion contraire a ses partisans qui se fondent sur ce que, par la fixation de la hauteur des jours, c'est la sûreté du voisin que la loi a voulu considérer [2]. Il me paraîtrait plutôt que, par là, c'est l'aspect de la propriété voisine qu'elle a voulu interdire. La sûreté du voisin est spécialement protégée par les ouvrages qui accompagnent ces jours dont ils sont la condition essentielle.

469. Si ces jours servent à éclairer un escalier, ils doivent en suivre la direction et leur élévation se mesure à partir de la marche la plus élevée au dessous des ouvertures. S'il s'agit de soupiraux de caves, la loi doit être raisonnablement entendue, et, lors même qu'ils ne seraient pas à la hauteur légale, ils devraient être maintenus, pourvu toutefois que le voisin n'en éprouvât pas de préjudice [3].

470. Quelle que soit la durée de ces jours, elle ne donne aucun droit irrévocable au propriétaire du mur; et le voisin est libre de les obstruer par des constructions, quand bon lui semble. c'est un point universellement reconnu.

---

(1) MM. Pardessus, n° 210. — Delvincourt, tome , page 407, notes.

(2) Toullier, tome 3, n° 526. — M. Favard, répert. *servitudes*, sect. 2, § 6, n° 1.

(3) M. Pardessus, *loc. cit.*

471. Les jours dont il s'agit sont pratiqués dans un mur joignant immédiatement l'héritage d'autrui et que par conséquent le voisin a le droit de rendre mitoyen. Ce voisin pourra-t-il, après avoir usé de ce droit, se prévaloir de l'article 675 pour exiger qu'ils soient fermés ?

L'affirmative est généralement admise pour le cas où ce voisin veut utiliser la mitoyenneté en bâtissant. Mais la question est plus difficile, s'il ne veut pas l'utiliser, et s'il entend seulement argumenter de l'article cité. Cependant je pense que cet article ne défendant que de pratiquer des ouvertures dans le mur mitoyen, et non pas de conserver celles qui y avaient été faites avant la mitoyenneté, il faut décider que, tant que l'acquéreur de la mitoyenneté ne voudra pas bâtir contre le mur, il ne pourra pas exiger la suppression des ouvertures [1]. C'est même en ce sens que le doute devrait être résolu, s'il en existait dans la loi, d'après la règle : *malitiis non est indulgendum.*

472. Les vues s'exercent au moyen de fenêtres libres, ouvrantes, dont la loi ne restreint ni l'élévation ni les dimensions. Elles peuvent être de deux sortes, droites ou obliques.

Les vues droites ou fenêtres d'aspect sont celles

---

[1] Toullier, t. 3, n° 527. — Merlin, rép. v° *vue*, § 3. — **M.** Pardessus, n° 211.

qui procurent l'aspect des objets qui sont en face du mur dans lequel elles sont percées. Elles sont donc pratiquées dans un mur parallèle à la ligne divisoire des deux héritages.

Les vues obliques procurent seulement l'aspect des objets qui sont sur les côtés des murs où elles sont ouvertes. Ce mur est donc perpendiculaire à la ligne divisoire et forme un angle avec cette ligne.

Ainsi les vues droites donnent bien plus de facilité que les obliques pour voir ce qui se passe chez autrui. De là vient la différence de la distance prescrite par la loi, dans les deux cas, entre ces deux sortes de vues.

473. Les vues droites, balcons ou semblables saillies, sur l'héritage clos ou non clos du voisin, doivent être à dix-neuf décimètres (six pieds) de distance du mur où on les pratique, à cet héritage (art. 678).

La règle est toujours applicable, quelle que soit la situation des deux héritages, qu'ils soient à la ville ou à la campagne.

474. Cependant cette distance ne devra pas être nécessairement observée, si l'espace intermédiaire est une rue ou un chemin public. On objecte contre cette opinion que, puisque la distance doit exister lorsque le propriétaire des vues l'est aussi du terrain intermédiaire, à plus forte raison il doit en être ainsi, lorsque ce terrain étant public, il n'en a que l'usage, et que d'ailleurs la loi ne fait pas de distinction à cet égard [1]. Mais on a répondu avec raison que la sûreté publique exige que ceux qui sont dans les rues puissent être aperçus de ceux qui sont dans l'intérieur des maisons, et que l'aspect des villes serait fort désagréable et ressemblerait à celui d'une prison, si les rues n'étaient bordées que de murailles sans ouvertures [2].

475. Cette distance ne sera pas non plus nécessaire si, entre les vues et l'héritage voisin, il se trouve un mur appartenant au propriétaire des vues. Il est bien évident qu'alors elles ne peuvent pas préjudicier au voisin. Mais celui-ci pourra exiger qu'elles soient fermées, si le mur est détruit, quelle qu'ait été leur durée. Leur possession n'aura pas, en effet, présenté les caractères qui constituent la prescription [3].

Il en serait de même dans le cas où ce mur intermédiaire appartiendrait au voisin. Les vues ne lui préjudiciant pas, il n'aurait pas d'intérêt à réclamer contre leur existence. Mais aussi aucune prescription ne lui serait opposable, lors de la destruction

---

(1) Sirey, 1817-2-155.

(2) MM. Pardessus, n° 204. — Toullier, tome 3, n° 528. — Duranton, tome 5, n° 412. — Merlin, rép. v° *vue*, etc.

(5) Toullier, tome 3, n° 528, etc.

de son mur, par les raisons qui viennent d'être énoncées [1].

476. Quoique l'article 676 veuille que le mur joigne *immédiatement* l'héritage d'autrui, pour qu'on ne puisse y pratiquer que des jours de souffrance, il devra être appliqué, toutes les fois qu'il n'y aura pas, entre les deux héritages, la distance qui permet les vues droites ou obliques. La loi n'a pas, à cet égard, de terme moyen.

477. Les principes qui viennent d'être exposés sont également applicables aux vues obliques. Celles-ci doivent être à six décimètres (deux pieds) de distance de l'héritage voisin (art. 679).

478. Une vue, quoique pratiquée dans un mur perpendiculaire à cet héritage, doit être considérée comme droite, si elle peut s'exercer par des balcons ou autres ouvrages en saillie. Il faudra alors six pieds de distance entre ces ouvrages et l'héritage voisin [2].

479. Cependant si des vues droites ou obliques ont existé pendant plus de trente ans, à une distance moindre que celle que la loi exige, leur suppression ne pourra pas être demandée. Elles consti-

---

(1) MM. Pardessus, *loc. cit.* — Duranton, n° 410. — Cà Delvincourt, tome 1, page 408, notes

(2) MM. Toullier, tome 5, n° 522. — Pardessus, n° 207, etc.

tuent une servitude continue et apparente qui s'acquiert par la prescription (art. 690).

480. Mais le voisin pourra-t-il, dans ce cas, par
des constructions faites chez lui, sinon fermer entièrement ces vues, au moins les rendre à peu près
inutiles ?

Pour décider cette question, il faut bien déterminer la nature de la servitude acquise au moyen de
la prescription. C'est le droit de jour, *jus luminum*
et non pas les servitudes, *altius non tollendi* ou *ne
luminibus officiatur.* La simple possession des vues
n'a pas pu avoir un effet plus étendu. Or, nous
savons déjà la règle : *Tantum præscriptum, quantùm possessum.* Elle suffit pour faire reconnaître en
faveur du voisin, auquel il n'a pas été interdit de
bâtir, le droit d'obstruer les vues par des constructions faites chez lui [1].

481. Si la servitude de vue a été établie par titre,
c'est le titre qui en détermine les conditions et l'é-
tendue, et la prohibition de bâtir à une distance
quelconque peut résulter de ses clauses. Mais si le
titre ne contient autre chose qu'une concession pure
et simple d'un droit de vue droite ou oblique, celui
qui a constitué la servitude ne s'est interdit que la
faculté de bâtir à une distance moindre de six pieds

[1] Sirey, 10-1-176. — Toullier, tome 3, n° 534, etc.

ou de deux pieds du mur où est la vue. L'ancienne
et la nouvelle jurisprudences sont d'accord sur ce
point. La question doit être décidée de la même
manière si la servitude de vue résulte de la destination du père de famille [1].

482. Il ne reste plus, à ce sujet, qu'à déterminer la manière de mesurer la distance exigée pour
les vues droites ou obliques. Elle se compte depuis
le parement extérieur du mur où l'ouverture se fait :
et s'il y a balcons et autres semblables saillies, depuis
leur ligne extérieure jusqu'à la ligne de séparation
des deux propriétés (art. 680).

Les saillies, dont il est question dans cet article
et dans l'article 678, doivent être propres à procurer la vue des objets extérieurs et non pas de simples
ouvrages d'architecture.

Si, entre les vues et l'héritage du voisin, il se
trouve un autre mur, une haie ou un fossé non mitoyens, la distance se prend de l'extrémité extérieure
de ces objets. S'ils sont mitoyens, elle commence au
milieu de l'emplacement qu'ils occupent. Mais si,
dans le premier cas, le voisin acquiert la mitoyenneté du mur, et que dès-lors il n'y ait plus la distance légale entre les vues et son héritage, pourra-
t-il exiger la suppression des vues ? La négative est

(1) Sirey, 24-1-26. — *Id.*, 17-1-336. — Toullier, tome 3,
n° 533, etc.

généralement enseignée, sur le motif équitable de son peu d'intérêt à le d emander. Cependant, si le mur où sont pratiquées les vues est démoli pour être reconstruit, la distance légale devra être alors ob-servée (1).

483. On a remarqué avec raison que la rédaction de l'article 680 est incomplète, en ce que ses termes ne peuvent s'appliquer qu'aux vues droites. Si on les prenait à la lettre, en ce qui concerne les vues obli-ques, il en résulterait que celui dont le mur, à l'une de ses extrémités, joint immédiatement l'héritage d'autrui, ne pourrait pas avoir des vues obliques dans ce mur, même à trente pieds de l'héritage du voisin. Telle n'a pas pu être pourtant l'intention de la loi, et dans ce cas, on doit se conformer aux anciens usages suivant lesquels la distance pour les vues obliques se compte à partir de l'arête du jambage de la croisée , jusqu'à la ligne qui sépare les héritages (2).

SECTION IV.

De l'égout des toits.

SOMMAIRE.

484. *Cette servitude légale ne déroge pas à la servitude naturelle réglée par l'article 640.*

(1) MM. Pardessus, n° 207. — Delvincourt, tome 1 , page 409. — Toullier, tome 3, n° 522. — Duranton, tome 5, n° 411.

(2) MM. Pardessus, n° 207. — Duranton , tome 5, n° 413.

485. *Nul n'a le droit de faire avancer son toit en saillie*
    sur le fonds d'autrui , ni d'y transmettre les eaux
    pluviales , après les avoir recueillies.
486. *Ce droit ne peut être établi que par titre et par*
    prescription.
487. *La renonciation à ce droit résulte de la permission*
    de bâtir accordée à celui qui le supporte.
488. *L'acquisition de la mitoyenneté du mur où est ac-*
    tivement la servitude , n'en autorise pas la suppres-
    sion.

484. Comme celles que règle la section précédente , la servitude légale dont il s'agit ici est une
restriction au plein exercice du droit de propriété ,
commandée par l'intérêt d'autrui.

Le principe qui veut que tout propriétaire éta-
blisse ses toits de manière que les eaux pluviales
s'écoulent sur son terrain ou sur la voie publique et
non sur le fonds du voisin (art. 681), n'est pas une
dérogation à celui de l'article 640 qui soumet les
fonds inférieurs à recevoir les eaux qui découlent
naturellement des supérieurs. Il est clair que les
eaux pluviales que rejettent les toits y sont ramas-
sées par le fait de l'homme, et qu'elles ne découlent
pas naturellement.

485. Une conséquence de ce principe et de celui
qui attribue la propriété du dessus au propriétaire
du dessous, est que nul ne peut faire avancer son
toit en saillie sur le fonds d'autrui, même sans y
rejeter les eaux. Aussi, lorsque deux héritages sont

contigus, celui qui établit un toit doit laisser au-delà un espace destiné à recevoir les eaux pluviales. Le Code n'ayant pas déterminé la largeur de cet espace, elle doit être fixée par experts. Ordinairement elle est de trois pieds [1].

Il ne suffit pas de recueillir les eaux pluviales chez soi; il faut encore prendre des moyens pour que, ainsi recueillies, elles n'arrivent pas chez le voisin qui, comme nous le savons déjà, n'est tenu que de recevoir les eaux qui découlent naturellement.

486. Cependant le droit de transmettre les eaux pluviales de son toit chez le voisin qui constitue une véritable servitude, peut être établi ou par un titre dont les conventions doivent être exécutées ou par la prescription (art. 690). A cette servitude doit aussi s'appliquer rigoureusement la règle générale *tantum præscriptum, quantum possessum*, d'où dérivent plusieurs conséquences qu'avaient consacrées les lois romaines, entr'autres, que le propriétaire du fonds dominant qui peut élever son toit, ce qui rend la servitude moins onéreuse, ne pourrait pas l'abaisser parce qu'il aggraverait la servitude [2].

487. La permission de bâtir sur l'emplacement

---

(1) Toullier, tome 3, n° 538. — MM. Pardessus, n° 212-213. — Duranton, tome 5, n° 415.
(2) Toullier, tome 3, n° 542.

qui reçoit les eaux, qu'accorderait au propriétaire du fonds servant, celui du fonds dominant, emporterait la renonciation à la servitude de gouttière et d'égoût. Cette permission, d'ailleurs inutile à celui qui veut bâtir chez lui, ne pourrait pas avoir d'autre cause [1].

488. L'acquisition que ferait le propriétaire du fonds servant de la mitoyenneté du mur où est activement la servitude, ne pourrait pas l'autoriser à en demander la suppression, même en faisant des ouvrages contre le mur mitoyen. Le Code n'a pas à cet égard une disposition semblable à celle de l'article 675 qui défend de pratiquer des ouvertures dans le mur mitoyen [2].

SECTION V.

Du droit de passage.

SOMMAIRE.

489. *La servitude de passage peut être conventionnelle ou légale. Ce qu'il faut pour qu'elle existe en vertu de la loi seulement.*
490. *La nécessité doit être absolue. Il ne suffirait pas qu'un autre passage offrît des difficultés ou des dangers.*

---

(1) Toullier, tome 3, n° 544.
(2) *Id.*, n° 546.

489. Le droit de passer sur la propriété d'autrui, dans les cas où il résulte de conventions particulières, est réglé par les dispositions du chapitre suivant.

Alors, la servitude est soumise aux principes généraux; et pour qu'elle puisse être valablement établie,
il suffit qu'il y ait utilité, commodité, en un mot,
un avantage quelconque pour le fonds dominant.

Mais il est un cas où la servitude de passage peut
être exercée sans convention, où elle existe en vertu
des seules dispositions de la loi. Il faut, pour cela,
qu'il y ait nécessité, c'est-à-dire, qu'il y ait impossibilité d'utiliser autrement le fonds auquel la servitude est due. L'intérêt de l'agriculture, qui est considéré comme public, a dû faire admettre cette modification du droit de propriété. Celui dont les fonds sont
enclavés, et qui n'a aucune issue sur la voie publique, peut donc réclamer un passage sur les fonds
de ses voisins, pour l'exploitation de son héritage, à
la charge d'une indemnité proportionnée au dommage qu'il peut occasionner (art. 682).

490. Les termes de la loi sont formels. Le passage légal n'est accordé qu'à celui dont le fonds n'a
aucune issue sur la voie publique. Ne devrait-il pas
en être de même, si un autre moyen de parvenir à
la voie publique offrait de très-grandes difficultés et
même des dangers? Quelques auteurs l'ont ainsi
pensé, et cela a été même ainsi jugé [1]. Mais cette
opinion, qui tend à augmenter une charge qui mo-

(1) Favard, rép. v° servitudes, section 2, § 7, n° 1. — Dalloz,
Jurisprudence générale, v° servitudes, page 59, à la note.

difie la propriété et qui dès-lors devrait être plutôt restreinte , me semble contraire aux principes , comme elle l'est évidemment au texte de la loi qui n'admet le passage légal que lorsqu'il n'y a *aucune issue,* par conséquent dans le seul cas de nécessité absolue. Ce sentiment , au surplus , est le plus généralement adopté [1].

491. La nécessité peut être reconnue, lors même que le fonds dominant confronterait à un chemin de halage. Ce n'est pas là , comme nous l'avons vu , un chemin public [2].

492. Il est à remarquer que la loi n'accorde ce passage de nécessité que *pour l'exploitation de l'héritage*; d'où la conséquence qu'un propriétaire enclavé ne pourrait pas être autorisé à faire , sur le fonds de son voisin , des conduits même souterrains pour conduire des eaux sur son fonds.

493. Le motif qui a fait admettre ce passage légal amène à penser qu'il doit être accordé , quelque préjudiciable qu'il soit à celui contre lequel il s'exerce, fallût-il, pour cela, traverser un parc , une cour , un jardin. Seulement l'indemnité qui n'a d'autre base

---

(1) MM. Pardessus , n° 218. — Toullier , tome 5 , n° 547. — Delvincourt, tome 1 , page 389, notes. — Duranton, t. 5 , n° 417.

(2) Sirey , 25-2-119.

que le dommage éprouvé , et nullement l'avantage que procure le passage, serait, dans des cas semblables , plus considérable.

494. Suivant la loi , le passage de nécessité doit *régulièrement* être pris du côté où le trajet est le plus court, du fonds enclavé à la voie publique (art. 683). Le mot *régulièrement* prouve assez que , s'il en doit être ainsi dans les cas les plus fréquens , il est des circonstances où une autre direction peut lui être assignée. Si , par exemple , la ligne la plus courte traversait une cour close, tandis qu'à côté il y aurait un champ ouvert, ou bien si en suivant cette ligne , on était obligé de faire un pont coûteux pour traverser un ruisseau , ces circonstances devraient être prises en considération par les tribunaux que la loi investit, à cet égard , d'un pouvoir discrétionnaire, et une ligne plus longue à suivre pourrait être indiquée de préférence à la plus courte [1].

495. Le principe de l'article 683 est encore modifié par la disposition suivant laquelle le passage doit être fixé dans l'endroit le moins dommageable à celui sur le fonds duquel il est accordé (art. 684). Ce n'est pas en effet la commodité, mais la nécessité qui fait donner un tel droit; et les intérêts des deux

---

[1] MM. Pardessus, n° 219. — Toullier, tome 3, n° 548, etc. — Sirey, 11-1-325.

propriétaires doivent être conciliés autant que possible. Il est donc des cas, tels que ceux qui viennent d'être signalés, où des détours devront avoir lieu sur le fonds servant.

496. Celui auquel est dû le passage nécessaire doit en avoir le libre exercice. Il ne dépendrait donc pas de celui qui le doit, de le fermer par une barrière ou une porte dont il remettrait une clef au propriétaire du fonds enclavé, et réciproquement [1]. Néanmoins, il en serait autrement, si le passage s'exerçait par un endroit clos.

497. L'indemnité moyennant laquelle seulement le passage peut s'exercer, et dont les motifs sont trop justes pour avoir besoin d'être même énoncés, se règle amiablement ou par experts si les parties ne peuvent pas s'accorder. Ordinairement elle doit être payée avant l'exercice du passage. Tel est le principe général de l'indemnité préalable, pour les cas analogues, applicables notamment à l'expropriation pour cause d'utilité publique, et l'on ne voit pas pourquoi des particuliers seraient traités plus favorablement, sous ce rapport, que l'état ou certains établissemens public [2]. Néanmoins, cette solution

---

(1) M. Duranton, tome 5, n° 454.

(2) MM. Duranton, tome 5, n. 429, notes. — Favard, rép. v° servitudes, section 2, § 7, n° 4. — Cà Pardessus, n° 221.

n'est pas si absolue qu'elle ne doive, en aucun cas, recevoir d'exception, et si, par exemple, il y avait, soit sur le lieu où le passage devrait être exercé, soit sur le montant de l'indemnité, des contestations qui nécessiteraient des opérations d'experts, ou d'autres causes de retard, les tribunaux pourraient équitablement autoriser l'exercice provisoire du passage, sauf à apprécier plus tard cette circonstance pour la fixation de l'indemnité.

498. Au reste, l'indemnité n'attribue au propriétaire du fonds dominant que le droit de passer sur le terrain d'autrui et non par la propriété de la partie de ce terrain sur laquelle il exerce ce droit [1].

499. Il est des cas où le passage nécessaire est dû sans indemnité pour le propriétaire du fonds servant. C'est lorsque les deux fonds ont appartenu au même propriétaire et que c'est par l'effet d'une vente, d'un échange ou d'un partage qu'il y a enclave. C'est ce que la cour de cassation a reconnu dans un des motifs de l'arrêt du 1er mai 1811 cité n° 494 à la note et ce qu'enseignent les auteurs [2], sur ce fondement que la vente ou cession d'un fonds comprend, à moins de convention contraire, celle d'un passage nécessaire pour y parvenir.

---

(1) M. Duranton, tome 5, n° 426.
(2) Toullier, tome 3, n° 550. — M. Duranton, tome 5, n° 420.

500. On a agité la question de savoir si, celui qui ayant un tel passage, ne le conserve pas, peut en obtenir un chez d'autres voisins. Un auteur [1] décide que, dans tous les cas, le passage devra être fourni par le vendeur, le copermutant ou le copartageant. Cette opinion est trop absolue. Elle devra sans doute être admise, toutes les fois qu'il sera établi que celui qui aurait dû le passage a concouru au fait qui en cause la perte, comme, par exemple, s'il y a une convention contraire. Mais si la servitude est prescrite par le non usage qui ne pourrait résulter que du défaut de culture du fonds pendant trente ans, cas de nature à se vérifier fort rarement, le fonds servant serait affranchi, et les parties rentreraient sous l'empire du droit commun. Le passage toujours nécessaire devrait donc être régulièrement fourni par la voie la plus courte et par conséquent chez un autre voisin, si telle était la direction de cette voie [2].

501. Si le passage s'exerce pendant trente ans sans indemnité, l'action pour la réclamer est prescrite; et le passage doit être continué, quoique l'action en indemnité ne soit plus recevable (art. 685).

Il ne faut pas confondre, pour l'intelligence de cette disposition, le droit de passage avec l'indemnité.

---

(1) M. Duranton, *loc. cit.*
(2) M. Pardessus, n° 219.

La prescription est inutile pour conférer ce droit qui résulte de la loi. Seulement elle peut rendre gratuit son exercice qui, en principe, est onéreux. C'est une créance éteinte, comme toute autre, par la prescription.

502. La nécessité du passage venant à cesser après le paiement ou la prescription de l'indemnité, par l'établissement d'un chemin public contigu au fonds enclavé, ou par l'acquisition d'un héritage intermédiaire contigu à la voie publique, l'exercice pourrait-il en être continué?

Je pense que la solution ne devrait pas être la même dans les deux cas. Dans celui d'établissement d'un chemin public, la servitude devrait être supprimée, moyennant la restitution de l'indemnité, si elle avait été payée. La cause cessant l'effet devrait cesser aussi; et l'intérêt de l'agriculture qui avait motivé le passage devrait alors le faire supprimer [1]. Mais si c'était par l'acquisition d'un héritage intermédiaire que l'enclave viendrait à cesser, je ne vois pas pourquoi la servitude devrait être éteinte. La valeur du fonds intermédiaire qui serait alors grevé du passage en diminuerait; et que faudrait-il décider si ce fonds était revendu? La charge nouvelle le suivrait-elle

---

(1) MM. Pardessus, n° 225. — Toullier, tome 3, n° 554. — Delvincourt, tome 1, page 390, notes. Ces auteurs le décident même ainsi, sans distinction entre les deux cas. — Cà M. Duranton, tome 5, n° 435.

contre l'acquéreur, ou bien la servitude primitive
qui avait été éteinte revivrait-elle ? On voit donc les
difficultés que présenterait l'opinion contraire qui
justifient encore celle que j'ai embrassée sur ce point.

505. Anciennement, on connaissait une servitude de passage désignée sous le nom de *tour d'échelle*
ou *échellage* qui donnait au propriétaire d'une maison ou d'un mur le droit de passer chez le voisin
pour aller réparer sa propriété et de poser ses échel-
les su r le fonds de ce voisin. En certains lieux cette
servitude était légale. Dans d'autres, elle ne pouvait
s'établir que par titres. Aujourd'hui, sous l'empire
du Code, cette servitude ne peut être établie que
par titres et non par la prescription; car elle est discontinue (art. 691) [1]. Quelques auteurs cherchent
à modifier ce principe dans les cas où la clôture étant
forcée, il s'agit de réparer un mur de clôture non
mitoyen, et ils veulent qu'alors le passage soit dû au
propriétaire du mur [2]. Mais cette précision qui contrarie le principe général ne repose sur aucun texte
de loi; et, en matière de servitudes, où tout doit
être de droit étroit, les raisonnemens par analogie
sont peu concluans [3].

---

(1) Merlin, rép. v° Tour de l'échelle , § 2 , *in fine*. — Toullier,
tome 3, n° 559.

(2) MM. Pardessus, n° 228. — Duranton, tome 5, n°ˢ 315, 316.

(3) Toullier, *loc. cit.*

504. Il a été prétendu que la servitude de tour d'échelle est une suite de celle d'égoût, sans quoi il pourrait être impossible de réparer le toit de l'héritage dominant [1]. Les principes qui viennent d'être exposés doivent aussi faire rejeter cette opinion.

CHAPITRE III.

Des servitudes établies par le fait de l'homme.

SOMMAIRE.

505. *Transition à ce chapitre. Ses objets.*

505. Ainsi que nous l'avons déjà vu (n° 315), les servitudes, d'après le Code, sont naturelles, légales ou conventionnelles. Après avoir réglé les deux premières espèces, la loi s'occupe des dernières, dans ce chapitre qui fait connaître successivement quelles sont les servitudes que la convention peut établir, les modes de leur établissement, les droits et les obligations respectifs des deux propriétaires, et les diverses manières dont les servitudes s'éteignent.

---

(1) M. Pardessus, *loc. cit.*

SECTION PREMIÈRE.

Des diverses espèces de servitudes qui peuvent être établies
sur les biens.

SOMMAIRE.

506. Le nombre de servitudes qui peuvent résulter des conventions est illimité. Ce nom peut

être donné à toute charge imposée à un héritage pour un autre héritage ; et les servitudes naturelles ou légales pouvant être modifiées par les stipulations des parties , peuvent aussi être transformées en servitudes conventionnelles.

Les seules restrictions apportées par la loi à la faculté de les constituer sont qu'elles ne doivent pas être établies en faveur des personnes ni sur les personnes (n° 313) , et qu'elles ne doivent pas être contraires à l'ordre public (art. 686).

507. Pour constituer une servitude , il faut être propriétaire du fonds assujetti (*id.*) , en avoir la libre disposition , et la capacité d'aliéner. Un propriétaire dont le fonds serait grevé d'usufruit ne pourrait donc pas établir sur ce fonds , une servitude , sans le consentement de l'usufruitier , du moins en ce sens que cette servitude pût s'exercer durant l'usufruit. Un mineur n'aurait jamais ce droit. A plus forte raison faut-il reconnaître qu'il n'appartient ni à l'usufruitier , ni au fermier , ni à tout possesseur à titre précaire. Il suit de ces principes qu'un propriétaire conditionnel ne pourrait grever l'héritage que d'une servitude conditionnelle [1].

---

(1) M. Toullier, tome 3 , n° 574 , enseigne que le possesseur annal a qualité pour constituer une servitude. Mais c'est singulièrement étendre les effets de la possession annale qui ne saurait aller jusqu'au droit de disposer de l'objet possédé. Ce sentiment est combattu par M. Pardessus , n° 243.

508. Un fonds sur lequel il existe des hypothèques peut, en principe, être grevé de servitudes.
Car l'hypothèque ne dépouille pas le propriétaire de
l'exercice de son droit. Seulement alors, la constitution de la servitude pourrait, suivant les circonstances, être attaquée par les créanciers hypothécaires comme frauduleuse ou préjudiciable à leurs intérêts [1].

509. En règle générale, pour acquérir des servitudes à un fonds, il faut en être propriétaire, ce
qui est une conséquence du principe suivant lequel
on ne peut stipuler, en son propre nom, que pour
soi-même (art. 1119). Cependant, celui qui possède, de bonne ou de mauvaise foi, un fonds à
titre de propriétaire, quoiqu'il ne le soit pas, peut
valablement acquérir une servitude pour ce fonds.
La raison en est que c'est le fonds et non la personne qui l'acquiert. Il en est de même de celui qui
stipule une servitude pour un fonds appartenant à
un tiers, lorsque telle est la condition d'un traité
qu'il fait pour soi-même (art. 1121) [2].

510. Les incapables qui n'ont pas le droit de grever leurs fonds de servitudes peuvent en acquérir à

---

(1) MM. Pardessus, no 250 à 258. — Toullier, tom. 3, no 573.
— Duranton, tome 5, no 546, 547.

(2) Toullier, tome 3, nos 576, 577, etc.

l'avantage de ces fonds, en vertu de la règle qui leur permet de rendre leur condition meilleure.

511. Le copropriétaire par indivis qui, par l'établissement d'une servitude sur l'héritage commun, ne peut pas préjudicier à ses copropriétaires, peut acquérir une servitude en faveur de ce fonds. Une conséquence de la communauté est que chacun peut faire l'avantage de tous [1].

512. Mais il en est pas de même de l'usufruitier qui agirait en son propre nom et en sa qualité. La servitude qu'il aurait ainsi acquise finirait avec l'usufruit. Toutefois, la servitude serait bien établie, si l'usufruitier avait déclaré agir pour le propriétaire dont la nature de son droit le constitue mandataire à cet égard [2].

513. Les autres articles de cette section ne contiennent que des divisions et des définitions auxquelles il suffira de joindre quelques exemples. Ils ne sont d'ailleurs susceptibles d'aucune difficulté.

Les servitudes sont établies ou pour l'usage des bâtimens ou pour celui d'un fonds de terre. Celles de la première espèce s'appellent urbaines, soit que les bâtimens auxquels elles sont dues soient situés à

---

(1) MM. Pardessus, n° 357. — Toullier, tome 3, n° 579.
(2) Toullier, tome 3, n° 580.

la ville ou à la campagne. Celles de la seconde espèce se nomment rurales (art. 687). Cette distinction
entre les servitudes urbaines et les rurales est purement doctrinale , et sans utilité dans la pratique.
Il résulte même des termes de la loi que la même
servitude pourra être tantôt urbaine, tantôt rurale ,
selon qu'elle sera due à un bâtiment ou à un fonds
de terre.

Les principales servitudes urbaines sont le droit
d'appuyer un bâtiment ou des poutres sur le mur du
voisin , les fenêtres ou balcons sans observer la distance légale , la prohibition d'élever son bâtiment
de manière à nuire aux vues du voisin , l'égoût des
toits , etc.

Parmi les rurales , on peut citer les diverses espèces de droit de passage pour les personnes , les
chars , les animaux , les aqueducs ou de conduite
d'eau , le puisage , le pacage , etc.

514. Les servitudes sont continues ou discontinues. Les servitudes continues sont celles dont l'u-
sage est ou peut être continuel sans avoir besoin du
fait actuel de l'homme : telles sont les conduites
d'eau , les égoûts , les vues et autres de cette espèce.
Les servitudes discontinues sont celles qui ont besoin du fait actuel de l'homme pour être exercées :
tels sont les droits de passage , puisage , pacage et
autres semblables (art. 688).

Les servitudes sont apparentes ou non apparentes. Les apparentes sont celles qui s'annoncent par

19

des ouvrages extérieurs tels qu'une porte , une fenêtre , un aqueduc. Les servitudes non apparentes sont celles qui n'ont pas de signe extérieur de leur existence comme , par exemple , la prohibition de bâtir sur un fonds , ou de ne bâtir qu'à une hauteur déterminée (art. 689).

515. Ces divisions des servitudes en continues ou discontinues , en apparentes et non apparentes est d'une extrême importance , comme nous le verrons dans la section suivante et dans la section 4 , en ce qui concerne la manière de les acquérir ou de les perdre.

516. Au reste, il n'y a pas de rapports nécessaires entre la continuité et l'apparence des servitudes , leur discontinuité et leur non apparence ou toute autre combinaison de ces divers caractères. Une servitude continue peut être apparente , comme elle peut être non apparente ; et il en est de même d'une servitude discontinue. La servitude de vue est continue et apparente ; la prohibition de bâtir est continue et non apparente ; la servitude de passage , toujours discontinue , est apparente s'il y a une porte qui en procure l'exercice ; non apparente s'il n'existe, pour cela , aucun ouvrage.

517. Il est encore , dans la doctrine , une autre distinction qui n'a pas d'utilité dans la pratique , celle des servitudes en affirmatives et négatives. Les pre-

mières obligent le propriétaire du fonds servant à laisser faire quelque chose sur son héritage, comme le passage, les conduites d'eau. Les secondes, interdisent à ce propriétaire la libre disposition de sa propriété. De ce nombre est la prohibition de bâtir. D'après cela, il est bien évident que toutes les servitudes négatives sont non apparentes.

SECTION II.

Comment s'établissent les servitudes.

SOMMAIRE.

518. *Les servitudes s'établissent 1° par titres, 2° par prescription, 3° par destination du père de famille.*

519. *Elles peuvent résulter de titres de toute espèce.*

520. *Quelquefois, elles existent comme accessoires d'un droit.*

521. *En général, le titre doit être régulier. Mais son irrégularité peut être couverte par la possession.*

522. *Servitudes qui peuvent s'acquérir par la possession de trente ans.*

523. *La prescription de dix ou vingt ans, appuyée d'un titre, ne produit pas cet effet. Controverse.*

524. *La possession immémoriale n'est pas un moyen d'acquérir les servitudes qu'on n'acquiert pas par la possession trentenaire. Effets de cette ancienne possession conservés.*

525. *Une servitude discontinue, même manifestée par un ouvrage apparent incorporé au fonds servant, ne s'acquiert pas par la prescription.*

548. Il est trois moyens principaux de constituer les servitudes : le titre, la possession, la destination du père de famille.

549. Toutes les servitudes, quelle que soit leur nature et leurs caractères, peuvent s'établir par titres, et tous les titres, d'ailleurs réguliers, sont propres à produire cet effet. Il n'y a aucune distinction à faire à ce sujet, entre les titres privés et les authentiques ; ceux qui sont onéreux, comme la vente, et ceux qui sont gratuits, comme la donation.

Les jugemens, l'aveu judiciaire ou extra-judiciaire, le serment sont aussi, sous ce rapport, considérés comme des titres.

520. Dans certains cas , les servitudes existent ,
sans titre spécial , comme conséquences d'un autre
droit etabli. Ainsi le droit de puiser de l'eau à la
fontaine d'autrui emporte nécessairement le droit de
passage (art. 696). Ainsi encore , une servitude
peut être considérée comme l'accessoire d'un objet
légué (art. 1118) [1].

521. J'ai déjà dit que pour constituer une servitude , il faut un titre régulier , valable. Cependant
un titre irrégulier auquel viendrait se réunir une
possession de trente ans , pourrait servir de fondement à une servitude , même non susceptible d'être
acquise par une possession quelconque. Mais alors
ce serait l'action en nullité du titre et non la servitude proprement dite qui serait prescrite [2].

522. La possession de trente ans est un moyen
d'acquérir les servitudes continues et apparentes
(art. 690). Ces circonstances suffisent pour avertir
le propriétaire du fonds servant du danger qui le
menace. La possession a la publicité voulue pour la
prescription , et le silence du propriétaire est considéré comme un consentement.

523. Une controverse s'est élevée sur la question.

---

(1) M. Pardessus , n° 267 et autres.
(2) *Id.* , n° 269.

de savoir si, de même que la propriété d'un immeuble, la servitude peut être prescrite par une possession de dix ou vingt ans, en faveur de celui qui a titre et bonne foi, en d'autres termes, si l'article 2265 est applicable à une servitude.

On dit, pour l'affirmative, que la propriété pouvant être acquise de cette manière, la servitude qui n'est qu'une modification de la propriété peut l'être également. Ce système repose sur la règle : Qui peut le plus, peut le moins [1].

Cette opinion que repousse le dernier état de la jurisprudence, contrarie le texte de la loi. L'article 690 dit, en effet, que les servitudes continues et apparentes s'acquièrent par la possession de trente ans, sans ajouter que la possession de dix ou vingt ans est suffisante, s'il y a titre et bonne foi, et l'article 2264 dispose que les règles de la prescription sur d'autres objets que ceux mentionnés au titre *de la prescription*, sont expliquées dans les titres qui leur sont propres. Or, puisque l'article 690, au titre des servitudes, a réglé la prescription de celles qui sont continues et apparentes, il n'est pas permis d'appliquer aux servitudes l'article 2265 qui fait partie du titre de la prescription [2].

---

(1) MM. Delvincourt, tome 1, page 413, notes. — Duranton, tome 5, n° 593.

(2) Toullier, tome 3, n° 630. — Favard, rép. v° servitudes, section 3, §5, n° 2. — Sirey, 1835, 1-24. — *Id.*, 2-134. — *Id.* 56-2-5. — *Id.* 57-1-146. — *Id.* 1-506.

524. Les servitudes continues non apparentes, et les servitudes discontinues apparentes ou non apparentes ne peuvent s'établir que par titres. La possession même immémoriale ne suffit pas pour les établir ; sans cependant qu'on puisse attaquer aujourd'hui les servitudes de cette nature déjà acquises par la possession, dans les pays où elles pouvaient s'acquérir de cette manière (art. 691).

525. Il résulte donc formellement de ce texte que la prescription n'est pas un moyen d'acquérir les servitudes continues non apparentes et les servitudes discontinues apparentes ou non apparentes. Cependant M. Toullier [1] se fondant sur les anciens principes attestés par de nombreuses autorités, pense qu'une servitude discontinue, telle qu'un droit de passage, qui s'exercerait au moyen d'une porte faite sur le fonds servant, peut s'acquérir par la possession de trente ans, parce que c'est moins une servitude qu'un droit de propriété qu'on a acquis par l'incorporation de ses ouvrages à l'héritage voisin. Cette doctrine, plus ingénieuse que solide, est inconciliable avec les termes absolus de notre loi qui repoussent de semblables précisions [2].

---

(1) Tome 3, nos 622, 623.

(2) Sirey, 1856-1-52. — MM. Duranton, tome 5, no 577. — Delvincourt, tome 1, page 412, notes. — Favard, rép. vo servitudes, section 3, § 5, no 3.

526. Nous avons vu que pour constituer la servitude, le titre doit émaner du propriétaire et que les servitudes continues non apparentes ou discontinues ne peuvent pas s'établir par la prescription. Néanmoins, s'il existait un titre émané d'un autre que le propriétaire, et une possession trentenaire conforme à ce titre, le concours de ces circonstances pourrait fonder la servitude, moyennant une troisième condition qui serait la bonne foi du possesseur [1]. Il en est de ce cas comme de celui qui a été décidé n° 521.

527. La disposition de l'article 691 suivant laquelle les servitudes acquises par la possession immémoriale dans les pays où elles pouvaient s'acquérir de cette manière sont maintenues, disposition fondée sur le principe de non rétroactivité de la loi, doit être entendue en ce sens, que le fait de cette possession antérieure au Code devrait être constaté. Les témoins devraient donc attester que, lorsque le Code fut publié, ils avaient ouï dire par les vieillards que la servitude avait toujours été exercée. C'est de cette manière en effet qu'avait lieu la preuve de la possession immémoriale. Le Code étant déjà publié depuis trente-quatre ans, une telle preuve serait actuellement fort difficile et, avant longtemps elle sera tout-à-fait impossible. Aussi, serait-

---

(1) Toullier, tome 3, n° 629.

il prudent pour ceux qui prétendent avoir une servitude de cette nature , d'exiger un titre qui la re-
connaisse ou d'introduire une action en justice , pour
faire constater leur droit.

528. D'ailleurs , toutes les fois que la prescription sera invoquée comme fondement d'une servitude , les principes généraux , en matière de prescription , devront recevoir leur application. La possession devra avoir eu les caractères voulus pour la
prescription en général , les causes de suspension ou
d'interruption de la prescription produiront leurs
effets ordinaires , et si l'objet possédé est inaliéna-
ble , la possession , quelque longue qu'elle ait été ,
n'aura conféré aucun droit. C'est au titre de la prescription , au surplus , que doivent être renvoyés les
développemens dont ces principes sont susceptibles.

529. Il s'agit de voir maintenant quel est le moment exact où commence la possession utile pour la
prescription qui établit les servitudes , ce qui , d'a-
près les principes déjà exposés , ne peut s'appliquer
qu'aux servitudes continues et apparentes.
Le point de départ de la prescription sera l'époque
où les ouvrages apparens destinés à l'exercice de la
servitude auront été terminés. Cela suffira sans qu'il
soit besoin que la servitude ait réellement été exercée. Ainsi , il y aura possession de la servitude d'é-
goût , dès que les ouvrages destinés à rejeter les
eaux sur le fonds voisin seront terminés , et sans

qu'une goutte d'eau ait encore été transmise ; il y aura possession de la servitude de vue, lorsqu'une fenêtre sera achevée, sans que le propriétaire de la maison dominante l'utilise, lors même qu'il serait absent, et que la maison serait fermée. La servitude est continue en effet, non seulement lorsque son usage est continuel, mais encore lorsqu'*il peut l'être*, sans le fait actuel de l'homme (art. 688).

530. Le mode de la servitude, c'est-à-dire la manière de l'exercer, peut se prescrire comme la servitude même (art. 708). Appliquons cette règle à la prescription moyen d'acquérir. Il s'ensuit que le mode d'exercer la servitude ne pourra être acquis par la possession, qu'autant que la servitude serait prescriptible.

Ainsi, j'ai le droit d'avoir sur le fonds du voisin une fenêtre de quatre pieds de hauteur. J'en ouvre une qui a six pieds et je la possède pendant trente ans. Cette possession m'aura donné le droit de la conserver ; car il s'agit d'une servitude continue et apparente qui s'acquiert par la prescription.

Mais, si ayant le droit de passer à pied sur l'héritage du voisin, j'y passe, même pendant plus de trente ans, avec voiture, je ne pourrai pas conserver ce droit que la prescription n'a pas pu m'attribuer, puisqu'il s'agit d'une servitude discontinue, non susceptible d'être acquise par la prescription.

Je reviendrai sur ce sujet lorsque j'examinerai

la prescription comme cause qui modifie la servi ·
tude [1].

531. Lorsqu'un propriétaire possesseur de deux
héritages aura fait sur l'un de ces héritages en faveur
de l'autre , quelque ouvrage présentant les caractères d'une servitude continue et apparente , il y aura
destination du père de famille qui vaut titre à l'égard
des servitudes continues et apparentes (692).

Ainsi , à la division de ces héritages , la servitude continuera de subsister , sans qu'il soit besoin
d'aucune convention.

La loi exige , pour l'existence d'une telle servitude , la continuité et l'apparence , parce que , en
l'absence de ces caractères , l'un des propriétaires
des deux héritages , aurait pu avoir sa propriété
grevée d'une charge qu'il aurait pu ne pas connaître.

La destination du père de famille est définie par
la loi qui ne l'admet que lorsqu'il est prouvé que les
deux fonds actuellement divisés ont appartenu au
même propriétaire , et que c'est par lui que les choses ont été mises dans l'état duquel résulte la servitude (art. 693).

Cet article s'applique également au cas où l'état
duquel résulte la servitude existait avant la réunion
des deux fonds sur une seule tête , au cas où le

---

(1) MM. Durantou , tome 5 , n⁰ˢ 605 , 606 , 607. — Delvincourt,
tome 1 , page 415 , 416 , notes — Toullier , tome 3 , n⁰ 644 et suiv.

propriétaire *a laissé* les choses dans cet état et ne
les y a pas *mises*. La preuve qu'il mentionne peut
se faire tant par titres que par témoins.

552. Une longue et vive controverse s'est élevée
sur le sens de la disposition suivante : Si le propriétaire de deux héritages entre lesquels il existe un
signe apparent de servitude dispose de l'un des héritages , sans que le contrat contienne aucune convention relative à la servitude , elle continue d'exister activement ou passivement en faveur du fonds
aliéné ou sur le fonds aliéné. (art. 694).

On voit la différence remarquable qu'il y a entre
cet article et l'article 692. Celui-ci , dans le cas qu'il
prévoit , conserve la servitude pourvu qu'elle soit
apparente , sans exiger la condition de continuité ,
tandis que l'article 692 exige à la fois la continuité
et l'apparence. Comment concilier ces deux dispositions ?

On dit , d'un côté , que le principe étant posé
dans l'article 692 dont les deux suivans ne sont que
le développement, la continuité , quoique non mentionnée dans l'article 694 , est exigée dans le cas
prévu par cet article qui est censé ne former qu'un
tout avec l'article 692 ; que s'il en était autrement ,
ce dernier article qui pose une règle générale , serait pour ainsi dire comme non avenu , et ne pourrait recevoir d'application qu'au cas de partage. Car
l'article 694 qui emploie le mot *dispose* , expression
qui comprend tous les modes d'aliénation , la vente ,

l'échange, la transaction , la donation , le testament ,
régirait les cas les plus fréquens , ce qui rendrait
l'exception plus commune que la règle [1].

Pour l'opinion contraire, on soutient que l'article
694 est clair , et qu'il statue pour un cas autre que
ceux prévus par l'article 692 ; qu'il n'est pas nécessaire de recourir à cet article pour en connaître et
fixer l'interprétation ; qu'au surplus , on conçoit
que la loi puisse exiger davantage lorsqu'il n'y a pas
titre , ce qui est le cas de l'article 692 , que lorsqu'il y a un titre translatif de propriété , émané de
celui qui possédait les deux héritages , cas auquel
s'applique l'art. 694. C'est en ce dernier sens , conforme à l'opinion de plusieurs auteurs , que la jurisprudence paraît se fixer [2]. Il faut reconnaître néanmoins qu'il s'en faut de beaucoup que la question
soit entièrement eclaircie , et que cette dernière opinion laisse bien peu d'effet au principe posé dans
l'article 692. Au reste , je ne vois pas trop pourquoi
cet article , quelle qu'en doive être la portée , fait de
la continuité une condition des servitudes établies
par la destination du père de famille , et il me sem-

---

(1) MM. Maleville sur l'art. 694. — Toullier, tome 3, n° 615.
— Delvincourt , tome 1 , p. 376 et 417, notes. — Favard, rép.
v° servitude, section 5, § 4, n° 3. — Sirey , 1832, 2-133. —
Id. , 1837 , 1-917 , à la note.

(2) MM. Pardessus , n° 289. — Merlin , rép. v° servitude, § 19,
n° 2. — Duranton, tome 5 , n° 570 et suiv. — Sirey , 1837 , 1-916.
— *Id.* , 2-155. — *Id.* , 187. — *Id.* , 1838 , 2-22.

ble que l'apparence devrait suffire pour justifier sa disposition.

533. L'existence des servitudes qui ne peuvent pas s'établir par la prescription ou par la destination du père de famille , ne peut jamais être constatée que par titres. Si donc le titre constitutif est perdu , ou ne peut plus être représenté , la preuve par témoins de cette existence serait inadmissible. Il n'y a , dans ces cas , qu'un titre récognitif, c'est-à-dire un acte dans lequel on reconnaît l'existence du titre constitutif (art. 1337) , qui puisse remplacer ce titre (art. 695). C'est même surabondamment que cet article ajoute que le titre récognitif doit émaner du propriétaire du fonds asservi , ce qui résulterait assez des principes du droit commun.

534. L'établissement d'une servitude emporte de plein droit la concession de tout ce qui est nécessaire pour en user. La loi , en consacrant cette règle de justice et de raison , donne un exemple de son application : elle ajoute que la servitude de puiser de l'eau à la fontaine d'autrui , emporte nécessairement le droit de passage (art. 696).

SECTION III.

Des droits du propriétaire du fonds auquel la servitude est due.

SOMMAIRE.

535. Lorsqu'une servitude est constituée par titre , l'étendue des droits du propriétaire du fonds auquel elle est due est ordinairement fixée par le titre lui-même. A défaut de titre , ou si celui qui existe ne s'explique pas assez clairement à cet égard , la loi elle-même fait connaître ces droits. Dans ses dispositions, les droits et les intérêts des deux fonds sont conciliés de manière à ce que la servitude offre le plus d'avantage et le moins d'incommodités possibles. C'est conséquemment d'après ces bases que devront être décidés les cas non prévus par la loi , en ce qui concerne l'exercice des servitudes.

536. S'il y a doute sur l'application de ces règles d'équité, il devra être résolu en faveur du fonds asservi , quelle que soit l'origine de la servitude , surtout si elle résulte de la prescription [1].

537. En règle générale , celui auquel est due une servitude , a droit de faire tous les ouvrages nécessaires pour en user et la conserver (art. 697).

---

(1) MM. Pardessus, nᵒ 62. — Toullier, tome 3, nᵒ 659. — Delvincourt , tome 1 , page 421 , notes.

Ce principe est une extension de celui que contient l'article précédent. Il en résulte que le propriétaire du fonds dominant peut passer sur le fonds assujetti, y déposer des matériaux. Mais observons que ce n'est qu'au cas de nécessité qu'il en est ainsi. D'où suit que si le passage peut être exercé et les matériaux déposés sur le fonds du propriétaire dominant, il n'aura pas le droit d'user pour cela du fonds servant ; et qu'il ne le pourrait, en aucun cas, s'il ne s'agissait que d'agrément et même d'utilité, à moins que des faits de cette nature ne fussent en rien préjudiciables à celui qui doit la servitude [1].

Les ouvrages dont il vient d'être question sont aux frais du propriétaire du fonds dominant, et non à ceux du propriétaire du fonds assujetti, à moins que le titre d'établissement de la servitude ne dise le contraire (art. 698). Nous avons vu, en effet (n° 311), que les servitudes consistent *in patiendo*, et non pas *in faciendo*.

538. Si l'exécution de ces ouvrages préjudicie au fonds servant, il en sera dû indemnité, par application des règles du droit commun. Car la loi qui soumet le fonds servant à l'exercice de ce droit, ne dit pas qu'il doive le souffrir gratuitement ; et, dans ce cas, il s'agit d'autre chose que de l'accessoire proprement dit d'une servitude.

_____

(1) M. Pardessus, n. 55, 56.

539. Il est bien entendu que les besoins du fonds dominant qui peuvent aggraver la condition du fonds servant, ne peuvent être autres que ceux du premier, considéré dans l'état où il était, lors de l'établissement de la servitude. Si donc les changemens faits à ce fonds ont accru ses besoins, les charges légales du second ne devront pas être augmentées. C'est ce qui résulte des principes fondamentaux en cette matière.

540. Dans le droit romain, le principe qui met les ouvrages nécessaires à la servitude à la charge du fonds dominant, recevaient exception dans le cas d'une servitude d'appui, *oneris ferendi* [1]. C'était le propriétaire du mur qui devait le tenir en état de supporter la servitude. Mais une telle exception n'étant pas reproduite dans notre droit, la généralité des termes de l'article 698 ne permettrait plus de l'admettre [2]

541. Dans le cas où le propriétaire du fonds assujetti est chargé, par le titre, de faire, à ses frais, les ouvrages nécessaires pour l'usage ou la conservation de la servitude, il peut toujours s'affranchir de la charge, en abandonnant son fonds au propriétaire

---

(1) L. 6, § 2, ff. si servit. vindic.: L. 33, ff. de servit. præd. urb.

(2) Toullier, tome 3, n° 663. — Cà M. Duranton, tome 5, n°ˢ 503, 613.

de celui auquel la servitude est due (art. 699). Il
s'agit ici , non d'une obligation personnelle , mais
d'une obligation réelle; et nous avons déjà vu qu'en
principe, celui qui n'est obligé qu'à cause d'une chose , peut se libérer en l'abandonnant.

542. Les termes de l'article 699 ont fait naître
la question de savoir si le fonds assujetti devait être
toujours abandonné en totalité , dans le cas qu'il prévoit , ou si , dans certains cas , il ne suffit pas d'un
abandon partiel ; si par exemple , lorsqu'une servitude de passage s'exerce sur une partie déterminée
d'un champ , l'abandon doit être de tout le champ
ou seulement de cette partie.

On dit en faveur de la première opinion , que la
servitude due par un héritage l'est par toutes les
parties qui le composent. On invoque le texte de la
loi qui dit *fonds assujetti.* On porte même la rigueur jusqu'à penser que si , après un partage d'un
champ grevé d'une servitude de passage fixée sur
une de ses parties , celui dans le lot duquel se trouve
le passage en faisant l'abandon , les autres coparta-
geans doivent aussi abandonner les autres parties [1].

Cette explication de l'article 699 est manifestement contraire à l'équité , et ce n'est pas la pensée
qu'a dû avoir le législateur. Son but a été d'améliorer la position du propriétaire du fonds servant, de

---

[1] M. Delvincourt, tome 1 , page 420 , notes.

lui accorder une faveur ; et , si la loi devait être entendue comme nous venons de le voir , cette faveur serait presque toujours illusoire. L'intention de la loi ne paraît donc pas douteuse; et , lors même qu'il y aurait doute , il devrait être résolu en faveur de la liberté du fonds , et il faudrait reconnaître que l'abandon partiel de l'héritage grevé serait suffisant. Cette opinion est généralement adoptée [1].

543. Nous avons déjà vu (n° 312 , la conséquence , pour la servitude , de la division de l'héritage dominant. Lorsqu'elle a lieu , la servitude reste due pour chaque portion , sans néanmoins que la condition du fonds assujetti soit aggravée. Ainsi , par exemple , s'il s'agit d'un droit de passage , tous les copropriétaires seront obligés de l'exercer par le même endroit (art. 700). Il pourra même arriver dans ce cas cité comme exemple , que ces copropriétaires devront se concerter et mettre leurs intérêts en commun pour exercer la servitude absolument de la même manière que celui qu'ils représentent. Si le passage s'exerce sur un terrain en culture , pour l'exploitation d'une très-petite étendue de terrain dont la récolte est enlevée par un seul char , en un seul voyage , les copropriétaires de cette petite étendue

---

[1] MM. Maleville sur l'art. 699. — Toullier , tome 3 , n° 680. — Pardessus , n° 69. — Duranton , tome 5 , n° 615. — Favard , v° servitude , section **4**, n° 2.

divisée devront s'entendre pour ne pas diviser l'usage de la servitude. Car cette division aggraverait nécessairement la condition du fonds servant qui ne doit pas supporter plusieurs servitudes , mais une seule [1].

544. C'est encore sur les mêmes motifs qu'est fondée la disposition suivant laquelle celui qui a un droit de servitude ne peut en user que suivant son titre , sans pouvoir faire ni dans le fonds qui doit la servitude ni dans le fonds auquel elle est due, de changement qui aggrave la condition du premier (art. 702).

Ainsi , une servitude de passage est due pour l'exploitation d'un champ qui n'a lieu qu'à des époques périodiques , plus ou moins éloignées les unes des autres. Si ce champ est transformé en un jardin qui exige un exercice beaucoup plus fréquent du passage , cet exercice ne devra pas être supporté par celui qui doit la servitude.

Le titre de la servitude , lorsqu'il en existe , ne doit donc pas être dépassé pour l'avantage du fonds dominant. S'il n'y a pas de titre , c'est la possession qui détermine l'étendue du droit et l'on applique la règle déjà citée : *tantum præscriptum quantum possessum.*

545. Cependant , comme je l'ai déjà dit (n° 530),

---

[1] Toullier, tome 3 , n° 652.

s'il s'agit d'une servitude continue et apparente établie par titre, la possession peut en augmenter l'exercice, de cela qu'une telle servitude est susceptible d'être établie par la prescription.

546. Si elle exige que le propriétaire du fonds dominant ne puisse rien faire qui aggrave la servitude, la loi défend aussi au propriétaire du fonds débiteur de la servitude de rien faire qui tende à en diminu er l'usage, ou à le rendre plus incommode. Ainsi, il ne peut changer l'état des lieux, ni transporter l'exercice de la servitude dans un endroit différent de celui où elle a été primitivement assignée (art. 701).

547. Cette dernière disposition ne doit pas pourtant être trop rigoureusement entendue, et il ne faut pas oublier le principe suivant lequel le plus grand avantage du fonds dominant doit se concilier avec la moindre incommodité du fonds servant. Aussi, dans le cas où l'assignation primitive du lieu où s'exerce la servitude devient plus onéreuse au propriétaire du fonds assujetti, ou si elle empêche d'y faire des réparations avantageuses, il peut offrir au propriétaire de l'autre fonds, un endroit aussi commode pour l'exercice de ses droits, et celui-ci ne peut pas le refuser. (*id.*).

Les motifs d'un tel refus ne mériteraient que la réprobation de la justice parce qu'ils n'attesteraient que l'envie de nuire. S'il y a contestation sur l'exis-

tence des faits allégués pour l'application de cette
règle , les tribunaux cherchent ordinairement à
éclairer leur religion par des expertises ou des trans-
ports sur les lieux contentieux.

SECTION IV.

Comment les servitudes s'éteignent.

SOMMAIRE.

548. *Cessation des servitudes principales et accessoires.*
549. *Comment elles revivent.*
550. *Différences , à cet égard , entre les servitudes et
l'usufruit. Ses prétendus motifs.*
551. *La cessation ne peut pas avoir lieu par le fait de
celui qui doit la servitude.*
552. *La servitude rétablie ne recevra aucun changement.*
553. *Effet de la prescription dans ce cas. Renvoi.*
554. *Extinction de la servitude par la confusion , quelle
qu'en soit la cause.*
555. *Pour qu'il y ait confusion , il faut la réunion entière et définitive des deux fonds.*
556. *Une nouvelle division des héritages ne fait pas re-
naître la servitude.*
557. *Extinction de la servitude par le non usage , applicable seulement aux servitudes conventionnelles.*
558. *Il n'y a pas de différence , à cet égard , entre les
servitudes discontinues et les continues.*
559. *Le non usage éteint-il la servitude , lorsqu'il y a eu
impossibilité d'en user ? Controverse.*

548. Le Code fait une distinction entre la cessation et l'extinction proprement dite des servitudes.

Elles cessent lorsque les choses se trouvent en tel état qu'on ne peut plus en user (art. 703), ce qui peut avoir lieu de deux manières, ou par la perte définitive de l'héritage grevé, ou par l'effet d'un accident qui n'entraîne pas irrévocablement cette perte. Ainsi, par exemple, dans cette dernière hypothèse, le champ sur lequel un droit de passage s'exerçait devient un précipice ou un lit de rivière, la source à laquelle un droit de puisage avait été concédé vient à tarir, la servitude cesse ; ce qui veut dire, non pas que le droit n'existe plus, mais que son exercice est suspendu tant que les choses restent en cet état.

Cette suspension de l'usage de la servitude principale, entraîne celle de tout ce qui en était l'accessoire, comme lorsque le droit de passage est la conséquence légale de celui de puisage ; l'un et l'autre sont également suspendus.

549. Mais ces servitudes revivent si les choses sont rétablies de manière qu'on puisse en user (art. 704). Nous avons déjà vu, dans l'article 665, une disposition semblable, relativement à un mur mitoyen ou une maison. Dans les cas qui viennent d'être cités, le retour de l'eau à la source temporairement tarie, son éloignement du champ qu'elle avait couvert rendent toute leur force aux servitudes.

550. Néanmoins, comme nous l'avons déjà vu (n° 274), dans le cas de l'article 624, l'usufruit ne revit pas sur le bâtiment qui remplace celui qui a été détruit et qui en était grevé. La raison de cette

différence ne me paraît justifiable que par celle qui existait entre deux lois romaines, la loi 10 § 1 ff. quib. mod. usufr. amitt., et la loi 20 § 2 ff. de servit. præb. urb., auxquelles les rédacteurs du Code ont voulu se conformer. Car la différence qui existerait entre la substance et la qualité de l'héritage [1] me semble peu réelle et offre peut être quelque chose de plus subtil que solide.

551. Il est à observer que le changement dans l'état des lieux n'opère cette cessation de la servitude que lorsqu'il provient d'un fait étranger à celui qui la doit. Car, ainsi que nous l'a appris l'article 701, ce propriétaire ne peut rien faire qui nuise à la servitude. Si donc la cessation résulte de son fait, il devra être condamné à rétablir les choses en l'état, s'il y a possibilité de le faire ; si non il sera tenu de dommages intérêts proportionnés au préjudice qu'il aura occasionné.

552. Le rétablissement de la servitude n'apportera d'ailleurs aucun changement à son exercice antérieur. Elle ne devra être ni plus onéreuse ni moins commode [2].

---

(1) M. Duranton, tome 5, n° 656.

(2) MM. Pardessus, n° 294, 295. — Toullier, tome 3, n° 684, 685. — Duranton, tome 5, n° 654 à 657, etc.

553. L'article 704 indique l'exception de la prescription qui modifie sa disposition principale. J'y reviendrai incessamment en m'occupant de la prescription, considérée comme cause d'extinction des servitudes.

554. La servitude est éteinte, dans toute l'acception de ce mot, par la confusion, c'est-à-dire lorsque le fonds à qui elle est due et celui qui la doit, sont réunis dans la même main (art. 705). C'est ici une application de la règle déjà connue : *res sua nemini servit.*

Quelle que soit la cause de cette réunion, qu'elle résulte d'un acte gratuit ou d'un acte onéreux, ou de l'abandon fait par le propriétaire de l'héritage grevé, dans les cas des articles 656 et 699, la servitude est toujours éteinte.

555. Mais pour que cette réunion opère cet effet, il faut quelle soit définitive et entière. Car si deux personnes achètent, par exemple, un fonds qui doit une servitude à l'une d'elles, cette servitude continuera de subsister pour le tout en vertu du principe de son indivisibilité [1].

556. Eteinte par la confusion, la servitude ne renaît pas lorsque la confusion cesse, c'est-à-dire

_____

[1] Toullier, tome 3, n° 666. — M. Duranton, tome 5, n° 658.

lorsque les deux fonds cessent d'appartenir au même propriétaire. Il n'en serait autrement que dans les cas où il y aurait destination du père de famille ou un signe apparent de servitude entre les deux héritages, conformément à ce que j'ai dit plus haut (n° 531 et suiv.) sur les articles 692 et 694. Encore même , dans ce cas , ce ne serait pas l'ancienne servitude qui renaîtrait , mais une nouvelle qui serait établie.

557. Le non usage d'une servitude , pendant trente ans , en amène aussi l'extinction (706).

Cette disposition ne s'applique évidemment qu'aux servitudes conventionnelles , et non aux servitudes naturelles ou légales. Quel serait , pour celles ci , l'effet d'une extinction résultant du non usage , alors qu'elles revivraient immédiatement en vertu de la loi , ou comme conséquences de la situation naturelle des lieux ?

558. Tandis que les lois romaines exigeaient, pour la prescription , un plus long usage des servitudes discontinues que des autres , dans notre droit , il n'y a aucune distinction à faire à cet égard. Si une différence a été admise entre ces diverses servitudes, lorsqu'il s'agit de les acquérir , il ne s'ensuit pas qu'elle doive l'être pour leur extinction , la loi devant être plus rigoureuse lorsqu'elle grève les héritages que lorsqu'elle les libère.

559. Mais le non usage pendant trente ans en- .

traîne-t-il l'extinction de la servitude , lorsqu'il y a
eu force majeure , impossibilité de l'exercer ? En
d'autres termes , la règle : *Contrà non valentem
agere non currit præscriptio*, est-elle applicable à
ce cas ?

Cette question présente de graves difficultés. M.
Toullier [1] pense que la doctrine des jurisconsultes
romains, d'après laquelle la prescription n'avait pas
lieu , lorsque le non usage de la servitude provenait
d'un obstacle qu'il n'était pas au pouvoir du propriétaire du fonds dominant de faire cesser , doit être
encore suivie sous le Code. Mais cette opinion est
combattue par d'autres auteurs qui admettent, dans
tous les cas, l'extinction de la servitude, par le non
usage [2].

Je serais disposé à penser que cette dernière opinion mérite la préférence. Nous voyons d'abord que
l'article 706 prononce l'extinction de la servitude ,
sans distinction. Mais je conviens que cette raison
ne serait pas d'un grand poids, si elle n'était pas corroborée par plusieurs autres textes qui me paraissent démontrer clairement l'intention du législateur.
L'article 704 , en effet, qui fait revivre, par le rétablissement des choses , les servitudes qui avaient
cessé parce qu'on ne pouvait pas en user, ajoute : *à
moins qu'il ne se soit écoulé un espace de temps*

---

(1) Tome 3, n° 691 et suiv.
(2) Maleville sur l'article 704. — Delvincourt, tome 1 , p. 427.

suffisant pour faire présumer l'extinction de la servitude, ainsi qu'il est dit à l'article 707. Cette disposition qui admet la prescription n'est applicable qu'au cas où il n'a pas été fait usage de la servitude, sans distinguer si le non usage provient du fait du propriétaire du fonds dominant, ou d'un fait étranger à ce propriétaire, ce qui arrive le plus fréquemment. L'article 665 qui ne fait pas non plus de distinction, fait revivre, par la reconstruction d'un mur mitoyen ou d'une maison, les servitudes que leur destruction avait fait cesser, *pourvu que la reconstruction ait lieu avant que la prescription soit acquise.* Ici donc encore, la prescription est admise contre celui qui était dans l'impossibilité de jouir de la servitude, *contrà non valentem agere,* puisque pendant le temps qui a couru, il n'existait ni maison ni mur mitoyen.

Sans doute que cette opinion contrarie les idées généralement reçues, sous ce rapport, en fait de prescription. Mais, indépendamment de ce qu'elle se justifie par des textes, on en explique le motif par la faveur due à la liberté des fonds.

D'ailleurs, ce qui doit encore contribuer à la faire admettre, c'est le moyen qu'aura toujours celui à qui la servitude est due d'empêcher le cours de la prescription, en faisant signifier des actes d'interruption, ce qui ne devant avoir lieu qu'à des époques fort éloignées les unes des autres, ne sera pas très-onéreux pour lui.

560. Une autre question qui n'offre pas moins d'intérêt est celle de savoir si l'acquéreur d'un fonds grevé de servitude peut, après dix ou vingt ans, se prétendre libéré par le non usage. Nous avons déjà vu (nº 523) que cette prescription n'est pas un moyen d'acquérir la servitude. L'argument déjà invoqué pour cette solution, fondé sur la disposition de l'article 2264 et sur le texte de l'article 706 qui exige pour l'extinction de la servitude et sans distinction , le non usage *pendant trente ans,* doit faire résoudre la question posée, de la même manière. Le non usage, pendant dix ou vingt ans , ne pourra donc , en aucun cas , opérer l'extinction de la servitude [1].

561. Il y a une grande différence à cet égard entre l'usufruit qui peut s'éteindre par la prescription de dix ou vingt ans (nº 255) et les servitudes. L'usufruit, considéré comme immeuble, est soumis aux principes qui régissent les immeubles ; et la même raison ne saurait être invoquée pour les servitudes.

562. Au reste, pour conserver la servitude, et pour éviter les effets du non usage , celui à qui elle est due n'a pas besoin d'en jouir personnellement. La jouissance de ceux qui le représentent, d'un usu-

---

[1] Toullier, tome 3 , nº 688. — Cà M. Duranton , t. 5 , nº 691

fruitier ou d'un fermier, par exemple, empêche également la prescription. Mais aussi, leur non jouis_ sance, pendant la durée de leur droit , peut servir de fondement à la prescription contre le propriétaire.

563. Le point de départ de la prescription qui éteint les servitudes est différent, selon leur nature. S'il s'agit d'une servitude discontinue, les trente ans commencent à courir du jour où l'on a cessé d'en jouir ; s'il s'agit de servitudes continues , du jour où il a été fait un acte contraire à la servitude (art. 707).

564. On pourrait conclure de cette disposition , que celui qui veut se libérer , par la prescription , d'une servitude discontinue, devrait faire une preuve négative, genre de preuve fort difficile de sa nature, surtout si cette servitude est aussi non apparente. Mais, dans une telle position , le demandeur n'aura qu'à nier l'exercice de la servitude, qu'à alléguer le non usage, et ce sera au propriétaire du fonds dominant, s'il conteste, à rapporter la preuve positive de l'exercice de son droit.

565. L'acte ou le fait dont le non usage est la conséquence, et qui marque le commencement de la prescription des servitudes continues , peut être indifféremment l'œuvre du propriétaire du fonds servant ou de celui qui possède à sa place , ou du propriétaire du fonds dominant. S'il s'agit d'une conduite

d'eau, que le propriétaire du fonds grevé ou son fermier en intercepte le cours par la rupture des tuyaux,
s'il est question d'une servitude de vue, que le propriétaire de l'héritage dominant bouche ses fenêtres,
ce sera, dans tous les cas, à dater de ces faits que
courra le temps voulu pour la prescription [1].

566. Quelques auteurs [2] ont pensé que la servitude discontinue éteinte par trente ans de non
usage, revit si celui qui la devait, laisse, depuis cette
extinction, écouler trente ans sans s'opposer au nouvel exercice de la servitude. Bien qu'il soit incontestable que cette servitude ne s'acquiert pas par la
prescription, on dit que le droit d'opposer la prescription est lui-même prescrit.

Je ne saurais adopter cette doctrine. La servitude
est éteinte par le non usage et un usage postérieur
quelconque ne peut pas lui rendre l'existence. Quant
au motif de l'opinion que je combats, il n'aurait quelque force que si la loi exigeait de celui que la prescription a libéré, de faire reconnaître ou constater
sa libération, dans un temps donné. On peut, sans
doute, renoncer facilement à la prescription acquise;

---

(1) Toullier, tome 3, n° 692. — M. Duranton, tome 5, n°
685, etc.

(2) MM. Pardessus, n° 311. — Delvincourt, tome 1, p. 423,
424.

mais cette renonciation ne peut résulter que d'un *fait* qui suppose l'abandon du droit acquis, c'est-à-dire d'un acte et non pas du silence ou de l'inaction.

567. J'ai parlé (n° 530) de la prescription du mode de la servitude, à l'effet d'acquérir, et j'ai déjà cité la disposition de l'article 708. Elle s'applique en sens inverse, ainsi que ce que j'ai dit au lieu cité, à la prescription du mode de la servitude, en ce qui concerne la libération.

Il y a néanmoins cette différence entre la prescription au moyen d'acquérir et celle qui libère, que la première, relativement au mode, ne s'applique qu'aux servitudes qu'on peut acquérir par la prescription, tandis que la seconde modifie toute espèce de servitudes.

Ainsi, une jouissance moindre pendant trente ans du droit qui constitue une servitude quelconque, continue ou discontinue, apparente ou non apparente, réduit le droit de celui à qui la servitude est due. J'ai un droit de passage à cheval; pendant trente ans, je ne l'exerce qu'à pied; je ne pourrai plus l'exercer qu'à pied. J'ai le droit d'avoir sur l'héritage voisin des fenêtres de six pieds de haut; pendant trente ans, je n'ai que des fenêtres de quatre pieds. Je ne pourai pas en avoir d'autres.

568. Les articles 709 et 710, qui ont déjà été cités, sont la conséquence du principe de l'indivisi-

bilité des servitudes et l'application de certaines règles générales de la prescription.

569. L'existence de quelques vestiges des ouvrages qui constituaient une servitude, ne me paraît, en
général , d'aucune efficacité contre la prescription.
Cependant M. Toullier [1] veut qu'ils conservent le
droit, suivant l'ancienne maxime : *Signum retinet
signatum ;* et il ne fait aucune différence entre les
servitudes continues et discontinues. M. Pardessus [2] n'attribue cet effet aux vestiges que pour les
servitudes continues. Ces opinions me paraissent contraires au principe de l'article 706. Les vestiges, en
effet, ne constatent pas le moindre usage de la servitude. Le hasard aura conservé, par exemple, une
partie de mur d'une maison détruite , dans laquelle
partie se trouve un reste de fenêtre. Ce débris non
utilisé, non susceptible de l'être, aura-t-il conservé la
servitude de vue ? La raison y répugne et la loi ne le
dit pas. Néanmoins, s'il était établi que les vestiges
ont été conservés à dessein pour maintenir le droit
de servitude, je me rangerais, dans ce cas exception-
nel, à l'opinion que je ne crois pas devoir admettre
dans les cas ordinaires.

570. Outre les causes d'extinction des servitudes

---

(1) Tome 3 , n° 709.
(2) N° 308.

que mentionne notre section, il en est d'autres qui résultent des principes généraux du droit, telles que la remise ou la renonciation, la condition résolutoire, l'expiration du terme, l'incapacité, le dol, en un mot toutes celles qui peuvent éteindre les obligations ou vicier les conventions.

FIN DU SECOND LIVRE ET DU SECOND VOLUME.

TABLE

DES MATIÈRES.

———◆◆◆———

CHAPITRE PREMIER.

CHAPITRE II.

SECTION PREMIÈRE.

SECTION II.

TITRE III.

CHAPITRE PREMIER.

SECTION PREMIÈRE.

SECTION II.

SECTION III.

FIN DE LA TABLE DU SECOND VOLUME.

Toulouse. Imprimerie de Phe MONTAUBIN.

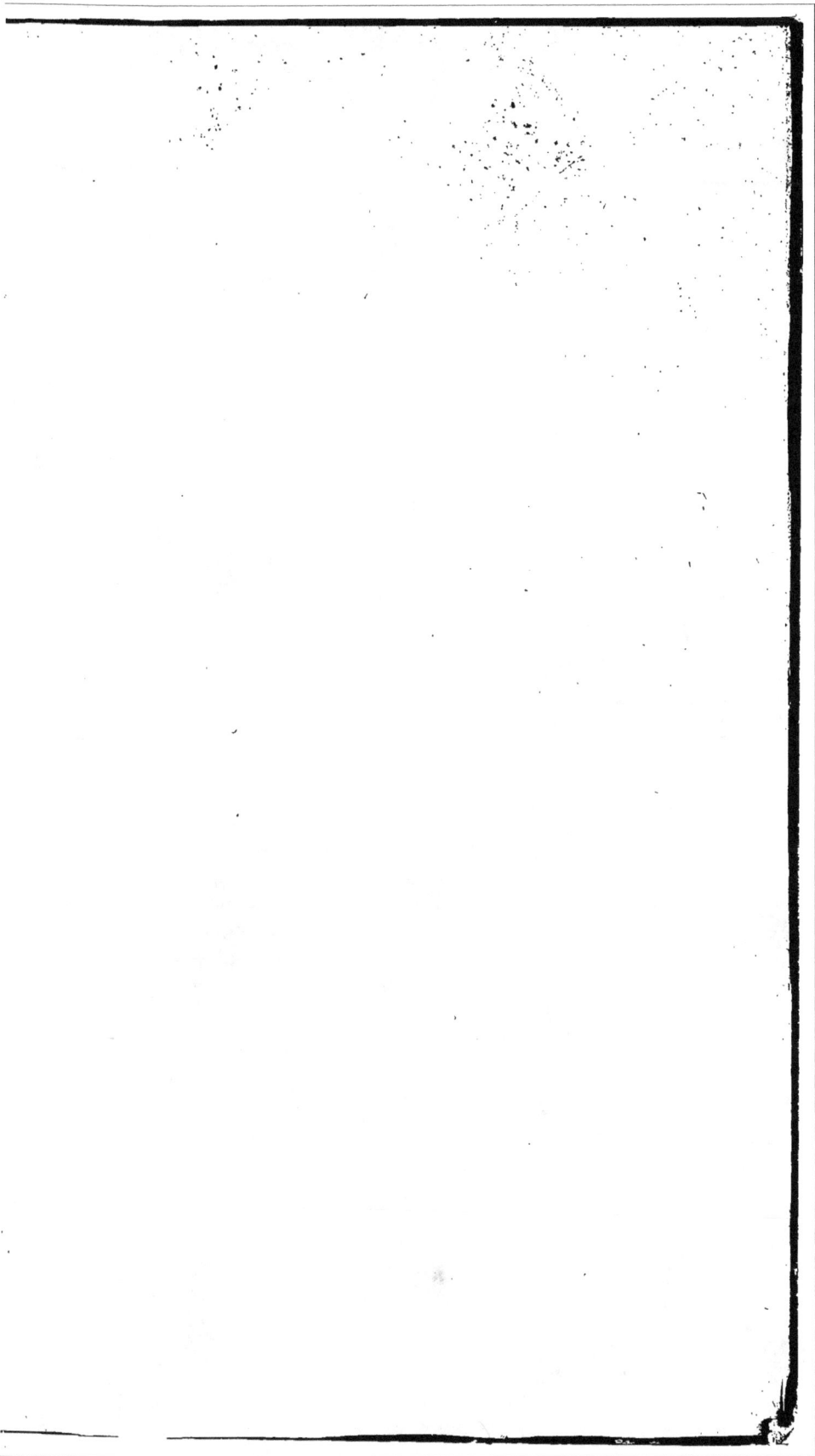

www.ingramcontent.com/pod-product-compliance
Lightning Source LLC
Chambersburg PA
CBHW070343200326
41518CB00008BA/1120